Olivier Leconte

De l'Académie internationale de recherche

Pourquoi le Roi?

Les propos de cet ouvrage ne représentent que
et uniquement l'opinion de l'auteur et
n'engagent pas l'entreprise, les sociétés ou
associations auxquelles il contribue ou dont il
peut être associé ou employé.

Commençons à ouvrir les yeux…

© 2014 Olivier Leconte
Edition : BoD - Books on Demand
12/14 rond-point des Champs Elysées
75008 Paris
Imprimé par BoD – Books on Demand, Norderstedt, Allemagne
ISBN : 9782322036530
Dépôt légal : août 2014

à Daniel Leveillard,

à Louis, Henri, Jean, Charles Emmanuel…

Sommaire

AVANT-PROPOS

Je ne me reconnais pas comme sujet de princes qui n'ont comme ambition que celle de commémorer leurs ancêtres. Si c'est louable, en revanche, je ne suis pas sûr que l'heure soit aux lamentations et atermoiements au sujet d'une époque révolue. En tout cas, ce n'est pas cette attitude qui peut faire avancer notre belle France vers l'avenir. C'est encore pire que d'inaugurer les chrysanthèmes ; les inaugurations marquent au moins la nouveauté. Laissons les morts en paix et ne les instrumentalisons pas. Le recueil est un acte personnel, il peut être collectif mais laissons lui la dignité que nous devons à celui auquel on rend l'hommage. J'aimerais pouvoir regarder le Roi dans les yeux, mettre un genou à terre face à lui, lui prendre les deux mains et lui demander : « Monseigneur, êtes vous prêt à faire votre devoir ? ».

Un Roi peut vénérer ses ancêtres ; ils peuvent l'inspirer pour régner, mais ils sont d'abord là comme essence d'une continuité. Comment savoir ce que l'on est sans s'enraciner dans le passé ? Cette démarche est difficile mais c'est le début de tout. Le Français doit apprendre à s'aimer. Comment être aimé des autres, et comment aimer les autres si l'on ne s'aime pas soi-même. Le Christ a dit « Aime ton prochain comme toi-même », c'est aussi valable pour les peuples. A la base, les Français ont perdu l'amour d'eux-mêmes depuis leur régicide, et la république n'a fait qu'accentuer cette repentance en nous demandant de nous mortifier pour tous les crimes, sauf pour celui qui reste une plaie ouverte enfouie au fond de nous et qui devient insupportable au fil du temps. Le seul moyen aujourd'hui pour réconcilier le peuple de France avec son histoire, c'est de lui pardonner et non pas lui dire de demander pardon. Or qui peut lui pardonner ?

La république se complaît dans la culpabilisation des « succédanés » de crimes, au demeurant d'une monstruosité indescriptible, comment rester insensible à l'abomination des assassinats de masse, génocides, guerres et attentats du XXème siècle ? Le temps est à une telle flagellation et une telle repentance que nous nous excusons pour tout en oubliant de mettre en valeur les bons côtés de ce que nous avons apporté aux autres et, en particulier, notre contribution à l'évolution de l'humanité. Rien n'est tout blanc ou tout noir. L'auto-flagellation est tellement ancrée dans notre vie collective que celui qui possède une double nationalité préfère se sentir de son autre origine plutôt que d'appartenir à celle de la France.

Mon cœur saigne lorsque je vois un drapeau en France autre que celui de la France tenu par des Français qui se sentent plus d'ailleurs que d'ici, alors que notre pays se donne tout entier à eux : il les héberge, les instruit et les nourrit. Mais sont-ils vraiment fautifs ? La république ne leur donne pas l'essentiel de ce qu'est la France : une âme, les motifs universels de s'en réclamer, un chemin à suivre ensemble et non pas les uns contre les autres, l'unité et non pas la division, la fierté d'être Français plutôt que la repentance. Comment pourrait-on se projeter dans le XXIème siècle et au-delà, sans s'ancrer dans les origines judéo-chrétiennes de notre pays, sans s'enrichir de l'expérience de ceux qui nous ont précédés et qui ont contribué à l'évolution de la France. Posons nous, consolidons les fondations, supprimons les mauvaises constructions et prenons le recul nécessaire pour réfléchir sur les interactions dans les domaines sociétaux, économiques, scientifiques, environnementaux, politiques et humains. Avec bienveillance et intelligence, nous nous situerons au sein de la communauté internationale par une analyse, une compréhension et une acceptation des autres, afin d'apaiser les motifs de conflits pour construire une vraie politique internationale capable de mettre en adéquation les rapports entre les peuples et les cultures grâce à cette mission du peuple et du pays de France de vérité et de paix dans sa vocation de tendre vers la sagesse éternelle.

Le Roi représente l'essence même de l'âme de notre pays ; il l'incarne. Il est notre histoire commune avec ses bons et ses mauvais côtés. Si je devais définir le Roi, mon premier argument serait celui-là.

Tournons nous sur la contribution que les deux mille ans d'histoire de France ont apportée à l'évolution de l'humanité plutôt que sur ces tristes moments, sans cesse rabâchés, des égarements des républicains.

La France, c'est d'abord un concept, une tradition, elle est royale et catholique comme les États Unis sont républicains et déistes, l'Angleterre, aristocratique et anglicane, l'Allemagne un empire de royaumes chrétiens parlant une même langue, la Suisse un état fédéral multi-langues…

Ne pas en tenir compte amène au chaos. Les changements imposés par une poignée d'oligarques feront exploser l'équilibre fragile de la vie en commun. Les décisions des dirigeants du pays ne se font pas avec le peuple mais contre le peuple. Déjà, j'entends monter comme une sorte de brouhaha : « des profondeurs, je crie vers toi Seigneur… ». Nous sommes dans le temps d'avant, comme cette Pâque juive de l'an 30 qui vit la passion du Christ le 7 avril jour de l'Agnus Dei. C'est aussi, transposé en 1792, le moment de la mise à mort païenne et républicaine de Louis XVI, le 21 janvier, jour de mémoire de Sainte Agnès, martyrisée en 303 pour l'amour de Dieu et dont le nom inconnu est devenu Agnus, Agnès, « l'agneau de Dieu ». C'est le jour du sacrifice de « l'agneau de Dieu ». C'est le début d'une aire nouvelle, c'est aussi le début de la fin de l'ancien temps. Il y a

Jean-Baptiste, décapité, charnière entre l'ancien et le nouveau testament, Prophète et Saint, Il y a le temps de Jésus, vrai homme, (et depuis révélé et reconnu fils de Dieu) ou celui-ci attend son heure de gloire, vrai Dieu, avec de multiples signes faits de miracles, d'actes, de paroles et de paraboles, mais il y a surtout ce triduum pascal qui commence par la cène et le lavement des pieds et trouve son plus grand espoir le 7 avril, en bas de la croix avec Marie, Marie sœur de Marie, Marie-Madeleine, Jean, quelques anonymes peu nombreux, deux larrons… Mais chaque chose en son temps. Nous sommes en bas de la Croix, Jésus a remis son esprit entre les mains du Père… le temps de l'obscurantisme, de l'absence, du vide et du vertige est venu. Comme le baptême est un passage par la mort et la résurrection, l'apocalypse est aussi le passage, comme un nouveau baptême. Aujourd'hui c'est le jeudi de l'Ascension, 29 mai 2014, demain ce sera peut-être le premier jour de l'apocalypse… le Vendredi Saint, tout est accompli, je mets mon espoir en Lui. Ce ne sera pas pour l'année prochaine. A Pâques, ce sera la résurrection.

-I-

« France, fille aînée de l'Église, es-tu
fidèle aux promesses de ton baptême ? »
« France, fille aînée de l'Église et éducatrice des
peuples, es-tu fidèle, pour le bien de l'homme, à
l'Alliance avec la Sagesse éternelle ? »

Saint Jean-Paul II, lors de la messe
célébrée au Bourget le 1er juin 1980, a posé ces
deux questions cruciales qui mettent en perspective
la vraie vocation de la France, sa mission, son
rayonnement vers et à l'extérieur. C'est aussi
indirectement un appel à réfléchir sur la vocation
de chaque pays dans le monde. Il est des histoires
de peuples, propres à chacun d'entre eux. La
France n'est pas l'Allemagne, la Suisse ou les États
Unis d'Amérique. Chacun son histoire, sa destinée,
son identité, sa foi, son mode de fonctionnement,
sa tradition politique et son peuple. Pour être
ouvert aux autres et à l'extérieur, il faut être soi-
même, se connaître et s'aimer. Les Français savent-
ils encore d'où ils viennent ? Ce qu'ils
deviennent ? Ont-ils un projet commun ? Sont-ils
satisfaits de la vie qu'ils se sont donnée ?

C'est par le rappel de la vocation première de la France qui tire ses racines de ses origines judéo-chrétiennes et de sa vocation Royale, (« Vive le Christ qui est vrai Roi de France, Vive le Roi de France qui est lieutenant du Christ » s'exclamait Sainte Jeanne d'Arc) que Saint Jean-Paul II nous remet notre avenir en perspective. Il nous énonce plusieurs faits : fille aînée de l'Église, éducatrice des peuples, fidélité à l'Alliance avec la Sagesse éternelle pour le bien de l'Homme. Tout est dit et pourtant… qui en France est encore en bas de la croix le vendredi saint ?

Aujourd'hui dans ce monde et dans ce pays, le Christ par ses prises de position dérange ; le message est subversif. Bien que la France possède les codes depuis le baptême de Clovis, la république condamne la parole d'amour, de paix, de vérité et de charité des évangiles. Elle procède à la condamnation et à la mise à mort de Dieu fait homme. Elle est intolérante vis-à-vis du Christ et sous prétexte de laïcité, elle procède jour après jour à l'arrestation de Jésus et de sa parole. Dieu ne rentre pas dans les valeurs de la république qui est fondée sur le pouvoir que quelques uns s'attribuent dans un processus soi-disant démocratique et qui s'approprient le gouvernement de la France pour leur soif et plaisir de pouvoir au bénéfice de leur égo et de leur propre enrichissement ou de celui de la finance internationale. L'apologie de la laïcité est une façade en trompe l'œil en vue de cacher l'anticléricalisme de nos élites et de marginaliser un message qui pourrait entraver les ambitions personnelles d'une minorité qui s'enrichit et s'enorgueillit par un train de vie démesuré au détriment de la majorité des habitants de la France. Ne faudrait-il pas abolir les privilèges ? Ce refus du christianisme trouve son fondement dans cette option choisie par cette bourgeoisie minoritaire du règne de l'argent. Il n'est point de place pour la foi, l'amour et la charité lorsque l'on déifie l'argent et la finance. La laïcité à la française est devenue radicale avec le temps, une forme d'intégrisme antireligieux voire anti-Dieu, avec ses martyrs, ses égéries, ses gourous. Elle est à la France ce que l'Islam a été à l'Iran en 1980, intolérante et excessive.

Un prêtre posait la question à ses fidèles après le récit de la Passion le jour des Rameaux : « et vous qu'auriez-vous fait ? ». En sortant de l'église et en regardant le monde, la réponse est apparue comme une évidence : la république en arrêtant la parole du Christ arrête Jésus lui-même, remet en cause ce qui fonde l'essence même de la France. Suis-je en bas de la croix ? Aujourd'hui, sans doute… mais dans un an, y serai-je encore ? La république n'aura-t-elle pas encore gagné du terrain dans cette entreprise qui mène petit à petit à l'esclavage des hommes par l'homme au pouvoir et par les puissances financières. Il est plus simple de rentrer dans le moule, de baisser la tête en faisant profil bas, de céder aux sirènes de la normalisation, de renoncer à sa liberté de pensée et de choix raisonné, en laissant les dirigeants penser à sa place, que de se battre presque seul pour dénoncer le manque de vérité, de justice, d'amour et de libre-arbitre. Car, ne nous leurrons pas, la république est une machine à broyer l'intelligence et la liberté. Que dois-je donc faire ? Ai-je retenu les leçons de l'Histoire ?

La France a perdu cette fidélité pour le bien de l'Homme à l'alliance avec la sagesse éternelle. Cette sagesse pose en l'Homme une dignité propre, lui révèle sa vocation sociale d'ouverture aux autres, d'abnégation et de solidarité. Sa mission active pour la justice et la paix aussi bien à l'intérieur qu'à l'extérieur de la France, qui seule est conforme à la sagesse divine. Cette sagesse qui, donnée par amour, est sans limite et embrasse l'humanité toute entière.

Depuis les tristes heures de la terreur de la révolution française, la république a fait son choix : l'argent, exploiter le peuple, l'écraser d'impôts, le soumettre en créant des lois qui fixent des normes pour tout et punissent ceux qui ne les respectent pas. Il n'y a plus de règles préétablies, de socle commun. La vérité d'aujourd'hui ne sera pas celle de demain et celle-là ne sera plus celle d'après demain, tout est fluctuant. Cet état de fait amène à l'insécurité juridique où les lois fluctuent en fonction des désidérata de lobbies, de modes et de caprices. Certaines lois prennent racine dans l'émotion du moment, elles deviennent une législation pour répondre aux cas particuliers et non plus celles d'une réflexion sur le bien commun. Lois de la communication du gouvernement, elles sont lois de l'instant présent. Il ne s'agit plus de protéger mais de faire plaisir avec pour seul motif de coller au caprice en vue d'un bon sondage et d'une future réélection. Les émotions sont fluctuantes et sont mauvaises conseillères pour l'avancée du peuple vers la sagesse. La conséquence en est que le sujet de la loi ne connaît plus les limites qui changent tout le temps. Le pouvoir déstabilise la société lorsqu'il met en place des lois rétroactives. Ces textes législatifs ou règlementaires ne font qu'ajouter des interdictions et chaque jour il s'en vote de nouveaux. L'Europe apporte sa contribution en rajoutant davantage de normes contraignantes. J'en viens à me demander si aujourd'hui chaque Français avant d'agir se pose la question de savoir si ce n'est pas interdit. Comme si les actes du quotidien ne suffisaient pas à nous contraindre. L'esclavage existe aujourd'hui aussi pour la pensée où chacun de la même façon se pose la question de savoir s'il a droit de penser d'une manière ou d'une autre. Les plus jeunes à force de s'interdire de réfléchir avec un style non conforme ont leur cerveau qui n'arrive plus à sortir de son conditionnement. La république nous lobotomise et c'est à mon sens le plus grand crime de ce régime. Louis X a aboli l'esclavage le 3 juillet 1315, « selon le droit de nature, chacun doit naître franc », d'où l'adage « le sol de France affranchit l'esclave qui le touche ». La république l'a insidieusement rétabli, un esclavagisme rampant qui ne porte pas son nom mais qui, dans les faits, est bien là. La « liberté » devise de la république n'est inscrite que pour affranchir celle-ci des faits d'esclavagisme. Il y a trente-cinq ans, discutant à Berlin-Est avec un allemand, il me soutenait que son pays était démocratique car comme preuve il me disait que c'était inscrit dans le nom même du pays « République Démocratique d'Allemagne » que voulez vous répondre à une telle affirmation ? Aujourd'hui il faudrait un Spartacus qui se lève pour nous affranchir. Sommes-nous encore en état de l'entendre et de le suivre ? La république est coupable de crimes non seulement contre la France et les Français, mais aussi contre tous les habitants de la Terre. La république n'est pas la France… notre Histoire n'a pas commencé il y a deux cents ans contrairement à ce que nos élites veulent nous faire croire. Ils ont eu beau procéder à une œuvre de démolition systématique, d'oublis organisés, de dénigrements orchestrés par les républiques successives, dans le cœur des Français, la vocation de la France, sa spiritualité, son âme, restent ancrées indestructiblement en chacun d'entre nous.

Pourtant, une poignée de faiseurs de lois à la solde des riches bourgeois bohèmes agnostiques et laïques intégristes nous apportent de plus en plus de contraintes ; ils nous suppriment notre libre arbitre et, par-delà même, nos prises de conscience pour nos choix quotidiens ; ils empêchent ce qui est le plus important pour l'homme : la raison. Savoir pourquoi je prends une décision avec ses risques et contraintes, avec cette vraie liberté d'un choix résultant de ma réflexion et qui me permet d'être pleinement homme et de grandir par mon engagement et mes actes. La république annihile ma possibilité de faire des choix en conscience car elle décide à ma place. Mes actes se résument à : est-ce interdit ? Il ne me reste qu'à faire et agir comme la plupart des autres, comme cette « classe moyenne et majoritaire» qui ne travaille plus que pour se loger, s'alimenter, se vêtir et se soigner. Les vacances, elle n'a plus assez de subsides pour en profiter et la révolte, elle n'en a pas les moyens légaux ou financiers. La différence entre le Français de ce début du XXIème siècle et l'esclave est illusoire. Celui-ci est logé nourri, habillé et afin qu'il travaille, bien soigné. Aujourd'hui, le salarié est souvent mal logé et pas forcement propriétaire de son logement, mal nourri avec des aliments dont la traçabilité n'est plus forcément au rendez-vous, mal habillé, mais avec un grand choix à défaut de la qualité, et de plus en plus mal soigné, car les moyens financiers ne sont pas à la hauteur des enjeux de santé publique.

Il me faut dénoncer, par une mise en garde, les évidences doctrinaires des tenants de la société actuelle. Le peuple d'aujourd'hui se tourne vers les marchands de fables et se détourne de la vérité. Ils promettent tout et ne tiennent rien. Le réveil est difficile lorsque l'on est amené à croire ceux que nous avons choisis pour de belles paroles et qu'ils ne peuvent pas les mettre à exécution. Leurs évidences doctrinaires ne sont le plus souvent qu'un effet de mode. Elles veulent s'imposer à tous sans véritable réflexion sur ce que nous sommes que ce soit dans notre identité, notre culture, nos racines, nos aspirations spirituelles. Il en résulte un malaise individuel et collectif. Personne ne trouve plus véritablement sa place. Chacun n'arrive plus à se situer dans la société et sent en soi une révolte larvée monter avec la force tranquille qui précède l'éruption volcanique. Le vote devient donc un défouloir (comme refuser d'aller voter) et quand la prise de conscience de son inutilité devient une vérité, le moyen d'expression devient la manifestation… puis la guerre civile. Mais tant que c'est gérable, il n'est qu'un souhait pour l'homme de pouvoir : que ce soit son successeur qui soit confronté au problème.

Vendredi matin, le Christ est arrêté depuis déjà quelques heures. Il est flagellé, humilié, abandonné par ses proches, non pas parce qu'ils ne croient plus en Lui, mais parce qu'ils ont peur. Et la peur amène le reniement… Il est l'insurgé contre ceux qui mettent l'argent au centre du monde, qui relèguent l'amour et la vérité au rang de principes subalternes ; Il est condamné. Ceux qui savent et qui pourraient empêcher le drame ne bougent pas. Ils pourraient exprimer leur désaccord ; ils se désintéressent de la question ; ils s'en lavent les mains. Les petites voix qui veulent se lever sont inaudibles face au langage d'une pensée unique où les réflexions ne sont que des lieux communs sortis des cerveaux étriqués par la pensée unique, lavés de toute réflexion autre que celle d'une propagande bien huilée et organisé par ceux qui ont intérêt à laisser leurs concitoyens dans un moule hermétique à toute influence extérieure. Nous arrivons enfin au calvaire qui va être pour tous le signe de la délivrance, car paradoxalement, il est délivrance pour ceux qui condamnent, car ils suppriment Celui qui les dérange, et il est aussi signe de délivrance pour ceux qui croient car ils savent que le futur proche sera glorieux.

Il y a d'un côté les condamnateurs qui ont le soulagement malsain d'avoir fait disparaître Celui qui les empêche par son autorité morale en prônant la vérité, la justice, l'amour et le libre arbitre, de faire ce qu'ils souhaitent, y compris au détriment des autres, de leur dignité et de la loi naturelle, et de l'autre côté des hommes et des femmes meurtris par cette exécution qui souffrent avec le crucifié et dont le cœur suinte des larmes retenues. Ceux-ci ont foi dans ces valeurs et peu nombreux ils accompagnent le condamné. D'autres se cachent en attendant des jours meilleurs ; d'autres encore laissent faire dans l'indifférence et ils sont peut-être les plus nombreux.

Quelles sont les promesses du Baptême ? Nous n'en retiendrons que trois. Elles ne sont bien sûr pas exhaustives ; d'abord la foi dans l'évangile de Jésus Christ, c'est-à-dire dans l'amour, la vérité, la justice, la paix et le libre-arbitre, ensuite la renonciation au péché en refusant de s'éloigner de la parole de Dieu, enfin, accéder à la sainteté en vivant par des actes le chemin montré par les Évangiles, accompagnant ainsi avec l'aide de Marie, Jésus à porter sa croix. C'est mettre en œuvre la parole par des choix quotidiens conformes à celle-ci. Cette prise de conscience collective suivie par des actes permettra à la France d'être fidèle aux promesses de son Baptême et comme fille aînée de l'Église d'être éducatrice des peuples en se tournant vers l'extérieur.

Toute la vocation de la France est en une seule phrase : Es-tu fidèle, pour le bien de l'homme, à l'Alliance avec la sagesse éternelle ?

Aujourd'hui la république foule aux pieds l'amour, la vérité, la paix, la justice et le libre arbitre. Elle crée de l'esclavagisme, base sa démocratie sur le mensonge de ceux qui se font élire, et ne respecte pas les règles immuables de la loi naturelle, sous prétexte qu'elles sont injustes. Ce régime divise les Français et crée les conditions de l'affrontement entre eux. Il acquitte les puissants, condamne les misérables et empêche de s'exprimer le libre arbitre de chacun par un arsenal de règles contraignantes. Il choisit la mort plutôt que la vie.

Le Roi de France s'appuie sur le peuple et est au service de celui-ci afin de lui donner la meilleure vie possible dans le contexte temporel contemporain. Il est celui qui garantit la Justice et la Paix, favorise la raison pour libérer le libre arbitre. Transcende la Vérité. Œuvre à l'Amour.

Pour changer, transformer les cœurs, l'Esprit créateur de Pentecôte se révèle. Individuellement d'abord, puis collectivement dans l'union, donc la communion du peuple avec Dieu. Pour recevoir cet Esprit, l'Homme s'ouvre lui-même, l'accueille et se met en condition favorable pour se laisser conquérir. Les armes que m'a fournies la société républicaine pour lutter contre l'amour et la vérité, deviendront inoffensives, voire inopérantes par la force d'une prière répétitive qui, petit à petit, me donnera la force, la confiance en Dieu et l'accueil de l'Esprit désarmera les derniers bastions guerriers d'une doctrine intolérante, injuste, liberticide et égoïste. Ce souffle, ce feu a vocation à se rendre au-delà du paraître superficiel, de l'apparence, de l'enveloppe humaine ; il se rend au cœur du centre de l'individu. Il n'est pas un produit de communication, mais bien au contraire, il touche l'intime ; il est le facilitateur de l'amour, de la justice, de la vérité et de la paix. Le vecteur de l'épanouissement de la raison, le révélateur du libre arbitre.

La destruction organisée commence par le faux vœu pieux que des cultures différentes peuvent s'additionner, voire s'amalgamer. Celles-ci sont toujours en concurrence. Leur enrichissement mutuel n'a de sens qu'à la condition qu'elles ne s'imposent pas l'une à l'autre. C'est pour cela que la double nationalité est une hérésie. Le fait de choisir permet de savoir qui je suis vraiment, car il m'autorise à me projeter vers l'avenir. En aucune façon, je ne peux ni ne veux ignorer mon passé. Il est une partie de moi-même. Il est indispensable, pour évoluer sereinement dans la société française, que je fasse mienne son histoire. Devenir un Français est intégrer en soi dans son patrimoine individuel, tout ce qui fait la France, afin d'être partie de France.

Le droit du sol est un droit sacré du royaume de France et la nationalité doit être facile à obtenir dans la mesure où elle est l'acte volontaire de celui qui souhaite devenir Français. Ce choix n'exclut pas un certain nombre de contraintes pour postuler. Entre autres, le postulant n'a pas été condamné par la justice ou n'a pas bafoué la France. Il est titulaire d'un diplôme français. Il renonce à son ancienne nationalité. Rendons aux Français leur honneur et leur fierté. Aujourd'hui, seul un Roi peut être le ciment du retour à l'amour d'un peuple pour lui-même.

Notre pays est toujours partagé en deux, parfois même en trois, la gauche, la droite, les extrêmes. Le pouvoir se conquiert en divisant les Français. Cette logique partisane fait des vainqueurs et des vaincus, elle fomente les revanches et les luttes intestines. Les hommes et les femmes politiques se servent des différences pour monter une partie de la population contre une autre, les riches contre les pauvres, le secteur public contre le secteur privé, les immigrés contre les autochtones… la liste pourrait être sans fin tant les boucs émissaires sont pléthore. Je n'oublierai pas cette lutte contre le Christianisme et cet anticléricalisme républicain. Cette propagande scolaire qui, se basant sur des soi-disant valeurs ne sert qu'à mettre l'éducation nationale au service d'un régime qui, sans les nommer, crée les « jeunesses républicaines », comme en d'autres temps ont été créées des « jeunesses » affublées comme deuxième nom, de celui qui correspond à leur doctrine intégriste. **Le Roi est l'unité, la communion du peuple ; au-delà des divisions partisanes, il est le ciment qui permet de bâtir l'avenir. Il rassemble autour de lui. Il est là pour unifier et non pour diviser. Son engagement chrétien n'a de sens que dans le respect des autres religions et opinions. Si je devais définir le Roi, mon deuxième argument serait celui-ci.**

II

Le Roi

Il ne faut pas imaginer le futur Roi de France comme une transposition de ce que nous pouvons connaître en regardant les autres monarchies. Celui-ci par essence est singulier ; il se différencie des autres.

D'abord, il se situe dans deux principes immuables pour la France qui sont, dans un premier abord, sa foi et son attachement à l'Église catholique, et dans un deuxième, ce rapport complexe et particulier d'amour réciproque avec le peuple de France. C'est la rencontre du Roi avec son peuple qui sera le début de l'instauration royale. Dans un premier temps, il faut envisager le Roi dans sa valeur symbolique, dans un deuxième, dans sa valeur de chef d'état, puis déterminer qui pourrait remplir cette charge. Avant, il est nécessaire de poser constatations et principes afin de faire taire de fausses vérités.

Nous n'aimons pas le président de la république ; nous le respectons, voire même, nous respectons la fonction. Il n'existe pas de rapport affectif entre cet homme de passage et chacune et chacun d'entre nous. Le roi c'est différent ; il est comme un membre de la famille. Nous pouvons l'apprécier plus ou moins, mais en cas de coup dur, il sera là pour nous comme nous serons là pour lui, donc pour notre pays. Car il est plus qu'un symbole, il est notre pays, il est la France, il l'incarne. Je ne parle pas de la nation qui est une notion purement républicaine, et qui amène à plus ou moins longue échéance le nationalisme, père de la xénophobie, de l'exclusion et parfois même de toutes les dérives racistes et guerrières. Je parle d'une France bâtie sur et avec l'ensemble d'un peuple qui, parce qu'il est patriote, a appris en s'aimant lui-même, à s'ouvrir aux autres et accepter les différences. Ce peuple affirme haut et fort que ces valeurs que le Roi représente sont les siennes, et pour peu que vous les fassiez vôtres, le rend prêt à vous accueillir sans réserve avec les bras ouverts. Le Roi est la France dans ce qu'elle a d'éternelle, dans sa continuité ; il est à la fois son histoire, son présent et sa projection vers l'avenir. Il nous sécurise car il n'est qu'un maillon lui-même entre son prédécesseur et son successeur à qui il doit rendre moralement des comptes avec le jugement du tribunal de l'histoire comme perspective. Mais aussi, il a le devoir de faire prospérer le pays pendant la durée de son règne afin de le transmettre, avec le sentiment d'avoir contribué à l'évolution de la France donc de l'Humanité. Il n'est pas dans cette logique républicaine de critique systématique de ce que les prédécesseurs ont accompli ayant promis de tels changements que la première partie d'un mandat consiste à détricoter ce que le prédécesseur a bâti pour donner l'impression à ceux qui l'ont mis en place qu'ils ont bien fait de l'élire.

Pour définir le Roi, nous ne pouvons pas le faire rentrer dans le schéma d'une monarchie sans pouvoir, bien que, même a minima, la monarchie réduite à sa plus simple expression a toutefois son utilité en terme de facteur d'unité et dc catalyseur fédérateur du peuple.

Le Roi en France exerce la souveraineté. Une souveraineté encadrée. Une souveraineté pleine et entière.

J'ôte tout de suite d'un revers de main les arguments républicains sur la souveraineté du peuple qui montre bien le mensonge des fondements de la soi-disant démocratie sur laquelle s'appuie le régime en place actuellement en France. Il n'est pas possible d'être à la fois souverain et sujet, c'est un non-sens. Je n'exerce pas l'autorité sur moi-même. L'affirmation que le souverain c'est le peuple, est la plus grande mystification de l'histoire humaine. Si le souverain est le peuple alors le coupable de la crise économique, de la crise morale, de la crise d'identité, c'est le peuple ! Je suis coupable, vous êtes coupables, donc le peuple n'a que ce qu'il mérite ; c'est la faute du chômeur d'être au chômage, de la victime d'avoir été violée par le multirécidiviste… Faire croire aux gens du peuple qu'ils possèdent la souveraineté est un mensonge. La souveraineté ne peut être que dans les mains d'un seul. La seule vraie question est : que dois-je lui mettre entre les mains ?

Alors le républicain va me rétorquer que ce n'est pas les gens en tant qu'individus, mais le peuple, c'est-à-dire l'ensemble des Français qui est le souverain. Le peuple exerce sa souveraineté par l'intermédiaire de ses représentants et de son chef, le président de la république. Nous pouvons remarquer que les représentants ne sont plus le peuple, et dans les faits, les représentants une fois élus, n'ayant pas de mandat impératif, exercent leur mandat à leur guise. Car à chaque élection, c'est bien un blanc-seing que l'on donne à nos élus. Je peux donner l'exemple qu'un président désavoué très largement par ses électeurs peut continuer son mandat jusqu'au bout et garder la même politique sans tenir compte du mécontentement du peuple. Il peut, même si elle n'est pas représentative, garder l'assemblée nationale et ne pas la dissoudre, même si elle ne représente plus le peuple, dans la mesure où elle peut défendre ses prérogatives et qu'il y trouve un bénéfice personnel. Il peut même en représentant moins d'un dixième de la population continuer la même politique et imposer à tous des réformes impopulaires ou contraires à l'intérêt des Français. Il peut même fouler aux pieds le bien commun. La démocratie en république est une valeur à géométrie variable. Les élections ne sont pas forcement le signe de la démocratie, mais seulement une présomption démocratique. Par ailleurs, la tromperie est sournoise, l'esprit de corps mesquin des élus républicains, crée une caste privilégiée qui défend ses intérêts propres sous le couvert de l'intérêt du peuple. Pourtant celui-ci n'est pas dupe : déjà des voix se lèvent et demandent l'abolition des privilèges. Le peuple de France ne verra bientôt son salut que dans le retour du Roi qui apportera, avec son appui moral aux Français, la paix et la prospérité.

La souveraineté du Roi a minima, dans un pays comme la France, peut d'abord faire de lui le garant de la Justice, ensuite le chef des armées, enfin représenter la France à l'extérieur. Mais ce service minimum n'est pas conforme à l'ambition de rayonnement de notre pays. Réduire la souveraineté à ces trois fonctions créerait un Roi fonctionnel, voire fonctionnaire. Il est nécessaire afin que le France retrouve sa vraie place dans le monde, qu'il exerce une souveraineté morale, exemplaire et référentielle.

Avant de compter un inventaire à la Prévert, des pouvoirs possibles du Roi de France, ce qui en soi est ridicule car non basé sur une démonstration ou une réflexion la plus objective possible, il est préférable de fixer les vrais principes qui peuvent être le ciment qui unit le Roi et son peuple. Ceux-ci sont un bien commun, immuable, incontestable, qui s'impose au peuple et au Roi lui-même, garanti par celui-ci. Ces règles s'accordent avec l'âme de la France éternelle.

Le Roi ne peut disposer et remettre en cause les principes de la loi fondamentale, qui concernent la succession royale et la dévolution de la couronne d'une part et l'inaliénabilité de la France d'autre part. Cette coutume s'impose à tous.

C'est en étudiant la succession d'aujourd'hui que la substantifique moelle des règles va illuminer cette réflexion. Le principe de base de la succession est son universalité, sans passer par le choix du peuple, sans approbation d'une institution quelle qu'elle soit. Elle est seule garante de l'indépendance du Roi donc, de son impartialité qui est indispensable en matière de justice, de défense des libertés publiques, de respect et mise en œuvre du bien commun.

La valeur symbolique du Roi est déterminée d'abord par ce qu'il incarne, ensuite par la souveraineté qu'il reçoit au moment du sacre, enfin par l'autorité morale temporelle qu'il met au service de tous, aussi bien en France que par son rayonnement à l'extérieur de celle-ci. Le Roi incarne la France, celle qui est, a été et sera. Il a le devoir d'assumer son passé, d'éclairer son quotidien, d'impulser son cheminement vers l'avenir. Il est l'unité et l'âme du Pays, le fédérateur du peuple. Roi très Chrétien, il est lieutenant du Christ. Lors du sacre, il reçoit la Couronne pour la souveraineté, l'épée pour la défense du Royaume, la main pour la justice, le globe surmonté de la croix comme représentant de la France auprès des autres nations, le sceptre surmonté d'une fleur de lys pour le commandement ; il revêt la tunique blanche à fleurs de lys d'or pour rappeler le baptême de Clovis et les racines judéo-chrétiennes de la France ainsi que la chape de cérémonie bleue fleurdelisée ; l'anneau royal béni est mis à son doigt pour l'union par Dieu du Roi et du peuple de France. Les éperons rappellent que le Roi est avant tout un chevalier dont la première fonction est la défense des plus faibles et des plus démunis.

Comme Chef de l'État, il convient ici non pas de mettre en place une structure gouvernementale et de répartir des pouvoirs mais de définir sa souveraineté et la fonction elle-même. La souveraineté est d'abord un concept, celui de la puissance de celui qui peut car il est supérieur, c'est-à-dire en haut de l'échelle des décisions, imposer sans recours les choix, les arbitrages, les délibérations et les résolutions dans l'intérêt du pays. Il va de soi que toutes ces prérogatives se font dans le strict respect des droits et des libertés publiques dont le Roi est garant. La souveraineté s'impose à tous et n'est pas susceptible de recours. La justice est-elle souveraine en France ? Non, car un recours au niveau de la Cour européenne des droits de l'homme est possible et ses arrêts s'imposent à la juridiction française. Les choix économiques et financiers sont-ils souverains en France ? Non, car la Banque centrale européenne a la maîtrise de l'économie et de l'euro, et l'Institution européenne peut décider de sanctionner la France en cas de non-conformité avec ses choix budgétaires. La France est-elle souveraine en matière de lois ? Plus ou moins, elle est obligée de retranscrire en droit français les directives européennes.

Je ne vais pas faire l'étalage des pertes de souveraineté, mais plutôt discourir sur les questions de fond. Je détaillerai dans les futurs chapitres quelques principes de base en matière de justice qui ne sont pas respectés actuellement par des choix internationaux auxquels nous avons souscrit parfois par lâcheté ou subordination à des puissances étrangères. En ce qui concerne la justice, il n'est pas opportun de procéder à un jugement à l'extérieur de la France. Il n'est pas acceptable qu'un juge étranger se permette de rendre une ordonnance ou un jugement sur une loi française quelle qu'elle soit, sans connaître les traditions, sans tenir compte des racines et des lois françaises.

Aucun recours n'est acceptable hors appel ou cassation. Un des principes fondamentaux du procès est qu'il soit géographiquement mis en place dans le territoire où a eu lieu l'infraction, le délit ou le crime. Il est normal qu'il soit en recours de la même manière géographique traité à la Cour d'appel dont dépend le territoire, puis en cassation au niveau national, et enfin en cas de nouveau procès dans une Cour d'appel française délocalisée, dans le cadre de l'intérêt du justiciable de ne pas être jugé là où le jugement a été cassé en cassation. Si la France reconnaît un texte international, les juges de notre pays sont à même de faire respecter les lois et textes. Le souverain est donc le garant de la justice dans le pays, c'est à lui que l'on demande justice et qui la rend par l'intermédiaire des juges. La Cour pénale internationale est de la même manière une erreur à laquelle la France n'aurait jamais dû souscrire. Un homme qui a commis des exactions dans un pays devrait être jugé dans le pays de ses forfaits. Les lois internationales ne devraient être appliquées que si le pays les a reconnues. Le procès de Nuremberg aurait-il eu le même impact pour la population allemande s'il avait eu lieu en Nouvelle Calédonie ou en Terre Adélie. En termes de souveraineté, la France ne devrait pas reconnaître la Cour pénale internationale et la Cour européenne des droits de l'homme. Bien sûr, des traités existent, mais la voie référendaire peut remettre en cause ceux-ci. La négociation après référendum nous placerait en position de force par rapport à nos interlocuteurs étrangers. Il n'est pas dans ce propos de remettre en cause le texte de la déclaration européenne des droits de l'homme, mais uniquement de ne pas reconnaître une juridiction extérieure à notre pays. De la même manière, les sanctions imposées, financières ou autres, d'une institution supra nationale, ne peuvent être considérées que comme un acte hostile à la France. La souveraineté, c'est aussi le pouvoir de contrôle ; le Roi préside la Cour des comptes, le Conseil constitutionnel, le Conseil d'État, dans leurs fonctions de conseil ou de recours de justice. Il possède la fonction de chef des Armées et doit pouvoir engager la défense à la demande du pouvoir exécutif ou non, si les intérêts de la France sont menacés et sans autorisation préalable du pouvoir législatif. Il représente la France à l'étranger, les affaires extérieures sont sa prérogative, mais en matière économique il associe le gouvernement. Il préside le Conseil d'aménagement du territoire. Bien sûr, il nomme le

Chef du gouvernement qui lui rend seul des comptes hebdomadaires. En ce qui concerne les lois et les actes réglementaires, il les promulgue. En cas de non promulgation, il peut les remettre dans le circuit législatif, les déférer au conseil constitutionnel ou soumettre la loi à référendum s'il estime que la loi mérite d'être approuvée par le peuple ou que le pouvoir législatif n'est pas en adéquation avec ceux qu'il représente.

La souveraineté morale se situe dans le respect de la loi fondamentale du royaume, de la loi naturelle commune à tous les hommes, dans l'énoncé et les actes de vérité, de justice, d'amour, de paix et de respect du libre arbitre. La souveraineté morale sera traitée dans le chapitre sur le Grand Monarque.

Pour déterminer celui qui pourrait accéder au trône de France, c'est tout d'abord la loi fondamentale du Royaume, en particulier ce qui concerne les règles de la dévolution de la couronne, qui va être l'acte juridique de la coutume sur lequel il faut se baser. Il faudra ensuite en faire une lecture sur la forme et sur le fond. Car contrairement aux idées reçues, elle est une loi qui s'adapte au gré de l'évolution de la France. Une loi particulière puisqu'elle obéit à l'intérêt supérieur de la France et non à celui de ses Rois. Puis, pour le cas particulier de la dynastie actuelle, il est important de prendre conscience de la portée du Traité d'Utrecht dans la succession, de ses contraintes et de l'ouverture possible vers un règlement au moins dans l'esprit plutôt que dans la lettre, ce qui amènerait à une nouvelle règle de dévolution de la couronne.

C'est en ayant conscience de la finalité de ces règles de la loi fondamentale que l'on peut se projeter vers l'avenir pour comprendre qui peut accéder au trône de France : leur but est d'empêcher que le royaume passe dans des mains étrangères.

Ce droit s'est formé au fur et à mesure des siècles, il a suivi la formation de la France et a forgé notre unité. Il s'est élaboré au fil des vicissitudes humaines et territoriales avec rigueur et précision, mais aussi souplesse et adaptation à l'histoire. Il est fruit de la coutume, de la tradition, de l'évolution et de l'expérience. C'est un vieux droit, presque sacré. Il s'impose à tous, y compris au souverain. Il s'inscrit dans la continuité.

Les règles de dévolution sont explicites, rigoureuses et symboliques. A la fin du moyen âge, la succession de mâle en mâle par ordre de primogéniture est la règle fondamentale. Il s'agit bien de succession, pas d'héritage, car le fils n'hérite pas de la France, il succède à son père comme celui-ci l'a fait quelques années auparavant. Ceci fait du droit de succession un droit de souveraineté inaliénable. Il est inconcevable que dans les temps actuels nous entendions parler d'héritier ou de prétendant au trône, alors qu'en réalité il ne peut y avoir qu'un successeur.

Les principes de ces règles, c'est qu'elles ne sont pas la propriété du Roi et qu'à ce titre, il ne peut en disposer. Elles sont inaliénables et imprescriptibles.

Le premier principe pose que la couronne est indisponible, c'est-à-dire qu'elle se transmet par succession. Donc la Royauté n'est pas une propriété mais une dignité. Le Roi n'a pas la faculté de désigner son successeur, il ne peut céder la couronne, l'engager auprès d'une puissance étrangère, abdiquer ou se démettre. La désignation du successeur s'est pourtant pratiquée avant Philippe Auguste, dernier Roi à être sacré du vivant de son père, soit par le Roi entre ses fils, soit par élection entre les princes du Royaume. Depuis, le principe héréditaire est soumis à la règle de primogéniture et le roi n'a plus besoin de faire sacrer son fils de son vivant, la règle étant admise sans contestation. L'héritier unique permet de ne pas démembrer le Royaume, comme cela se pratiquait sous les Carolingiens. La participation au sacre des douze pairs du Royaume est la survivance symbolique de l'élection du Roi. La primogéniture offre deux avantages : l'implication très rapide du futur Roi dans ses futures fonctions et l'absence de vacance en cas de décès du Roi. L'héritier étant seul légitime à faire valoir la succession. L'indisponibilité de la couronne a pourtant été mise à mal par le traité d'Utrecht en 1713. Le Parlement de Paris en enregistrant le traité a de fait considéré que le non cumul des couronnes d'Espagne et de France l'emportait sur l'indisponibilité de la couronne en ce qui concerne sa transmission successorale.

Le deuxième principe est la masculinité, qui trouve son fondement dans la volonté de ne pas faire passer le royaume dans des mains étrangères mais aussi dans la « clause de masculinité » décidée par Philippe le Bel en 1314, la veille de sa mort, afin de rattacher à la couronne les fiefs des vassaux sans héritier mâle. D'où l'impossibilité depuis cette date pour une héritière en France de succéder à son père dans la possession d'une terre titrée. La « loi salique » n'apparaît qu'en 1356 pour contrer les prétentions anglaises à la succession, toujours dans le même principe de ne pas soumettre la Couronne de France à une couronne étrangère. Guerre de cent ans, candidature d'Isabelle, fille de Philippe II d'Espagne, succession de Jean Ier et Charles IV. Afin d'éviter que la France soit inféodée à un autre pays par héritage, les femmes ont été écartées de la succession royale.

Le troisième principe est la catholicité, la France trouve ses racines dans le baptême de Clovis à Reims ; elle est l'âme de la France. C'est en s'appuyant sur le catholicisme que le Roi en marquant son engagement dans la foi, va pouvoir être le garant de la tolérance et de l'ouverture aux autres religions. La religion catholique ne peut être religion d'État, car elle est la France dans ce qu'elle a de plus profond. C'est à travers elle que le Roi par son rapport intime à Dieu et dans la foi veille au respect de la mise en œuvre de la doctrine sociale de l'Église, du respect de la Paix, de la Justice, de la Vérité de l'Amour et du Libre-Arbitre. La mise en œuvre de l'Écriture au quotidien relève de la Catholicité.

Le quatrième principe est celui de collatéralité. Celle-ci pose le principe de désignation du successeur, en cas d'absence de fils, par la succession au parent le plus proche selon le respect des règles admises ci-dessus.

Le cinquième principe traite de l'indisponibilité et de la continuité de la couronne. L'indisponibilité de la couronne Royale est encore actuelle. Si l'idée de continuité dans sa valeur symbolique est encore vivace, en revanche, dans les faits, en l'absence de Trône, il est difficile d'accorder une continuité à la couronne. Par contre, sans risque, même si c'est osé, la continuité de la succession est d'actualité.

Une exception est venue entacher la loi fondamentale : celle du traité d'Utrecht. Pour bien comprendre l'enjeu, il est nécessaire de lire la première partie de l'article VI qui concerne la règle de succession et ses implications possibles sur les règles de dévolution à la Couronne de France.

« Article VI

D'autant que la guerre que la présente paix doit éteindre, a été allumée principalement, parce que la sûreté et la liberté de l'Europe ne pouvaient pas absolument souffrir que les couronnes d'Espagne et de France fussent réunies sur une même tête et que sur les instances de Sa Majesté Britannique et du consentement de Sa Majesté Très Chrétienne et de Sa Majesté Catholique : on est enfin parvenu par un effet de la Providence Divine à prévenir ce mal pour tous les temps à venir, moyennant les Renonciations conçues dans les meilleures formes et faites en la manière la plus solennelle dont la teneur suit ci-après.

Le Roy

Comme le 5 novembre de la présente année mille sept cent douze, j'ai passé, juré et signé par devant Maître D Manuel Vadillo y Velasco mon secrétaire d'État et Grand notaire des Royaumes de Castille et de Léon, et en présence de témoins, l'Acte public dont la teneur s'ensuit mot à mot. D. Philippe, par la grâce de Dieu Roi de Castille, de Léon, d'Aragon, des deux Siciles, de Jérusalem, de Navarre, de Grenade, de Tolède, de Valence, de Galice, de Majorque, de Séville, de Sardaigne, de Corsegue, de Murcie, de Jaen, des Algraves, d'Algezire, de Gibraltar, des îles de Canaries, des Indes Orientales et Occidentales, des Iles et terre-ferme de la mer Océane, Archiduc d'Autriche, Duc de Bourgogne, de Brabant et de

Milan, Comte d'Apsburg, de Flandre, de Tyrol et de Barcelone, Seigneur de Biscaye et de Molina, etc. Par la teneur et l'exposé de cet acte de renonciation et de désistement, et afin que la mémoire en demeure à jamais, soit notoire et manifeste aux Rois, Princes, Potentats, Républiques, communautés, et personnes particulières, qui font et qui feront dans les siècles à venir, que l'un des principaux fondements des traités de paix à faire entre la couronne d'Espagne et celle de France d'une part ; et celle d'Angleterre de l'autre, pour la cimenter et la rendre ferme et permanente, et pour parvenir à la paix générale, étant d'assurer pour toujours le bien universel et le repos de l'Europe, et d'établir un équilibre entre les puissances, en sorte qu'il ne puisse pas arriver que plusieurs étant réunies en une seule, la balance de l'égalité que l'on veut assurer penche à l'avantage de l'une des puissances au risque et dommage des autres, il a été proposé et fait instance par l'Angleterre ; et il a été convenu de ma part et de celle du Roi mon grand père, que pour éviter en quelque temps que ce soit, l'union de cette monarchie à celle de France, et pour empêcher qu'elle ne puisse arriver en aucun cas, il se fit des renonciations réciproques pour moi et mes descendants à la succession de la Monarchie de France, le cas avenant. Et de la part des Princes de France et de toutes leurs lignes, présente et à venir à la succession de la Monarchie d'Espagne faisant réciproquement une Abdication volontaire de touts les droits que les deux Maisons Royales d'Espagne et de France, pourraient avoir de se succéder mutuellement, séparant par les moyens justes de ma renonciation ma Branche, de la Tige Royale de France ; et toutes les Branches de France de la Tige du Sang Royal d'Espagne prenant aussi des mesures suivant la maxime fondamentale et perpétuelle de l'équilibre des puissances de l'Europe, afin que pendant qu'il est établi et justifié par cet acte, que l'on évite en tous les cas imaginables, l'union de la Monarchie d'Espagne avec celle de France, l'on prévienne l'inconvénient qui arriverait, si au défaut de ma descendance, le cas advenait que la monarchie d'Espagne pût retomber à la Maison d'Autriche, dont les États et leurs dépendances, même sans l'union de l'Empire, la rendrait formidable : motif qui a donné lieu avec raison en d'autres temps à la séparation des États Héréditaires de la Maison d'Autriche, du corps de la Monarchie Espagnole. Pour cet effet, il a été convenu et accordé par l'Angleterre avec moi et avec le Roi mon Grand Père, qu'à mon défaut et à celui de mes descendants, le Duc de Savoie serait appelé à la succession de cette Monarchie, lui, ses enfants et descendants mâles, nés en légitime mariage ; ou au défaut de ses lignes masculines, le Prince Amédée de Carignan, et ses enfants et descendants mâles, nés en légitime mariage. Et au défaut de ces lignes, le Prince Thomas, frère du Prince de Carignan, ses enfants et descendants mâles, nés en légitime mariage, qui comme descendants de l'Infante Catherine, fille de Philippe Second, et étant expressément appelés ont un droit clair et connu, supposant l'amitié et l'alliance perpétuelle que le Duc de Savoie, doivent rechercher et entretenir avec cette Couronne. Et l'on doit croire qu'avec cette espérance perpétuelle et continuelle, il sera le centre invariable de la balance, qui assure volontairement l'équilibre entre toutes les puissances fatiguées de la guerre et de l'incertitude de ces évènements et il ne sera au pouvoir d'aucune des parties d'altérer cet équilibre par aucun constat de renonciation ni de rétrocession ; puisque la même raison qui porte à établir cet équilibre, doit le rendre permanent, formant une constitution fondamentale qui règle par une loi inaliénable la succession pour l'avenir.

J'ai résolu en conséquence de ce qui est ci-dessus exposé par l'amour que j'ai pour les Espagnols, par la connaissance que j'ai de ce que je dois au leur, par les expériences que j'ai faites de leur fidélité, et pour rendre grâce à la divine Providence, avec une entière résignation à ses volontés de la grande faveur qu'elle m'a faite, en me plaçant et en me maintenant sur le Trône, et en m'élevant sur tant d'illustres sujets, qui m'ont si bien servi, d'abdiquer pour Moi et pour tous mes descendants le droit de succéder à la Couronne de France, désirant de vivre et de mourir avec mes aimés et fidèles Espagnols, laissant à toute ma descendance le lien inséparable de leur fidélité et de leur amour, afin que cette délibération ait l'effet qu'elle doit avoir, et pour faire cesser ce qui a été considéré comme un des principaux motifs de la guerre qui a jusqu'à présent affligé l'Europe, de mon propre mouvement, de ma libre, franche et pure volonté ; Moi Don Philippe, par la grâce de Dieu, Roi de Castille, d'Aragon, de Léon, des deux Siciles, de Jérusalem, de Navarre, de Grenade, de Tolède, de Valence, de Galice, Majorque, de Séville, de Sardaigne, de Cordoue, de Corsegue, de

Murcie, de Jaen, des Algarves, d'Algezire, de Gibraltar, des Iles et terre-ferme de la mer Océane, Archiduc d'Autriche, Duc de Bourgogne, de Brabant et de Milan, Comte d'Apsburg, de Flandre, de Tyrol et de Barcelone, Seigneur de Biscaye et de Molina, etc.

Je renonce par le présent acte pour toujours et à jamais, pour moi même et pour mes héritiers et successeurs, à toutes prétentions, droits et titres que moi ou quelques autres de mes descendants que ce soit, ayant dès à présent, ou puissent avoir en quelques temps que ce puisse être à l'avenir, à la succession de la couronne de France. Je les abandonne et m'en désiste pour moi et pour eux et je m'en déclare et me tiens pour exclu et séparé, moi, mes enfants, héritiers et descendants perpétuellement pour exclus, et inhabile absolument et sans limitation, différence ni distinction de personne, de degré, sexe, et temps de l'action, et du droit de succéder à la couronne de France et je veux et consens pour moi et mes descendants, que dès à présent, comme alors, Moi et mes descendants étant exclus, inhabiles et incapables, l'on regarde ce droit comme passé et transféré à celui qui se trouvera suivre en degré et immédiat au Roi, par la mort duquel la vacance arrivera, et auquel successeur immédiat on déférera la succession de ladite Couronne de France, en quelque temps et en quelque cas que ce soit, afin qu'il l'ait et la possède comme légitime et véritable successeur, de même que si moi et mes descendants, n'eussions pas été, ni ne fussions pas au monde, parce que nous devons être tenus et réputés pour tels... »

Le traité d'Utrecht, ne saurait être remis en cause. Ni Bourbon d'Espagne, ni Bourbon Parme, ni Orléans ne peuvent monter sur le Trône de France sans attenter à la parole du Roi, donc de l'Espagne et de la France. En plus, le respect de la loi fondamentale du Royaume, dont le Parlement de Paris est dépositaire, est réputé être garanti en raison de l'enregistrement du traité le 15 mars 1713 ce qui induit une évolution sur la règle d'indisponibilité de la couronne. Si, dans le respect de la lettre, il ne paraît donc pas possible d'instaurer une royauté en France avec un descendant de Philippe V d'Espagne qui a renoncé pour tous ses descendants sans distinction de personne, degré, sexe..., car il peut être considéré que par les hommes ou par les femmes, nul descendant de Philippe V n'a droit à ceindre la

Couronne Royale de France, en revanche, en respectant la conformité de l'esprit du Traité, il suffit de mettre en avant le principe de non cumul des couronnes de France et d'Espagne pour considérer que le traité n'est pas violé sur le fond et permet donc de rendre possible l'accès de la couronne à tous les Bourbons quels qu'ils soient hors ceux qui ceignent effectivement la Couronne d'Espagne. Un autre constat s'impose : ouvrir la porte à une renégociation de ce traité affaiblirait l'Angleterre dans sa position vis-à-vis de sa possession de Gibraltar. Cette éventualité semble improbable. La précision de non cumul des couronnes Française et Espagnole peut devenir aujourd'hui en raison de l'évolution de la loi fondamentale du Royaume par l'enregistrement de ce Traité plus restrictive en inscrivant comme règle le non cumul des couronnes royales. Sous le règne de Louis XIV, celui-ci cumulait deux royaumes, la France et la Navarre, la possibilité de régner sur plusieurs royaumes était communément admise ce qui imposait de spécifier, les noms des deux grands pays concernés par le Traité et l'impossibilité d'édicter en règle le non cumul de couronnes royales.

Le traité d'Utrecht ne peut être remis en cause sur le fond, en revanche, il peut être aménagé quant à la lettre. La volonté commune de l'Espagne, de la France et de l'Angleterre est que les royaumes ne cumulent pas leurs couronnes. C'est en soi par l'enregistrement de ce traité par le parlement, que cette nouvelle règle s'est établie. Celle-ci implique une nouvelle possibilité qui, sous respect du non cumul, ouvre en plus la succession aux deux sexes par ordre de primogéniture : le risque du Royaume passant dans des mains étrangères par le mariage devient, par la règle du non cumul, inenvisageable, donc offre aux femmes la possibilité de succéder comme les mâles par ordre de primogéniture. Pour en revenir au fondement de la règle de masculinité, c'est par crainte du mariage avec une couronne étrangère qui aboutisse par la règle de succession à l'inféodation de la Couronne de France à une couronne étrangère que la règle dite « loi salique » a été instaurée. Le sacre n'est pas un sacrement. À ce titre, s'il donne un caractère sacré au Roi ou à la Reine et qu'il émane de la volonté divine, en revanche, il ne revêt pas la dimension religieuse propre aux clercs. Cet argument permet l'accès au sacre indépendamment de toute référence à la masculinité ou à la féminité.

Cette évolution de la loi fondamentale s'inscrit dans un ensemble de changements qui à travers les siècles ne visent qu'à préserver l'intégrité de la France en évitant qu'elle ne passe dans des mains étrangères, c'est-à-dire qu'elle soit soumise à une souveraineté extérieure.

Les règles de dévolution de la couronne deviendraient donc : la catholicité, le non cumul des couronnes royales, l'hérédité, la primogéniture, la collatéralité, l'indisponibilité et la continuité de la couronne. Les règles étant établies, par le miracle de Dieu, le rameau du lys coupé reprendra vie.

III

Les biens garantis par le Roi

La dignité humaine et les libertés publiques sont les biens les plus précieux garantis par le Roi ; toute doctrine sociale royale ne peut être basée que sur les principes fondamentaux des droits et devoirs individuels et de la loi naturelle. Les deux principes induits sont la défense de la vie et la reconnaissance de la famille comme lieu primordial de l'épanouissement de l'Homme. Celui-ci se définit comme être qui possède par essence la dignité qui est inaliénable, indisponible et non négociable, dès la conception et sans extinction. Pourtant, en France, la république y porte régulièrement atteinte ou lui met des limites. Elle la bafoue sous le prétexte fallacieux et doctrinaire de l'intérêt de l'Homme ou de l'individu lui-même. Le nombrilisme l'emporte sur le bien commun.

Dans la société actuelle, le soi-disant bien-être a amené l'Homme à se tourner de plus en plus vers lui-même. Par égoïsme, il s'est fourvoyé dans une culture de mort. Chacun est devenu centre du monde avec des désidératas personnels devenus droits de l'individu. Dans la pratique, la république a mis en œuvre cet état de fait. La conception de base de l'homme se découvre dans sa vie familiale d'abord et sociale hors de la famille ensuite. En se situant par rapport aux autres, l'homme se tourne vers son prochain et passe d'une culture de mort à une culture de vie. C'est en conceptualisant le don de soi pour autrui que, par réciprocité, l'homme bénéficie de bien-être dans la société. Penser individualité amène l'égoïsme, soi plutôt que l'autre. La dignité bien qu'acquise dès la conception, éternelle et inaliénable, ne peut se révéler que dans la mesure où l'homme bénéficie d'un épanouissement dans son rapport à l'autre avec son développement social et intellectuel, avec l'accès à la culture, au travail et une vie de loisirs ou sportive, d'une sécurité physique avec un logement, des vêtements et des repas. Il n'est pas de dignité humaine sans liberté, sans égalité face à cette dignité, et sans amour.

La liberté d'un homme nécessite un choix conscient et sans pression extérieure, engendré par sa conviction individuelle, sans contrainte que celle-ci soit dictée par sa nature primaire ou une force coercitive. La vie sociale et personnelle résulte d'une initiative responsable qui élève l'Être humain vers le choix du bien comme ligne de vie. Par sa contribution active, avec une implication raisonnable, il est acteur de l'ordre social et des changements sociétaux. L'exercice de la liberté ne se réalise que dans l'acceptation du respect de la dignité, de la justice, de la paix, de l'amour et du libre arbitre. Sans ce respect, les conditions du vivre ensemble, économiques, sociales, politiques et culturelles, seront contraintes à créer l'injustice, la désunion, la discordance et l'isolement. Tout ceci amenant inéluctablement l'indifférence voire l'inimitié. La décision libre n'est pas arbitraire ; elle résulte d'un choix en conscience, constructif, le choix du vrai et du juste, le choix du bien et de l'amour. La liberté grandit par la prise de conscience de ses limites par l'homme et place celui-ci devant ses responsabilités dans l'environnement proche ou étendu dans lequel il évolue. Il n'y a pas de liberté sans norme éclairant cette liberté. La première norme, c'est le respect de la loi naturelle qui précède toute les lois et implique des droits et devoirs face à la vie. La seconde est celle du libre arbitre qui ne peut être exercé que par l'homme lui-même et sans soumission aux lois humaines sauf si celles-ci ont le caractère du bien commun dans le respect de la première norme. La troisième est celle du respect de l'égale dignité de tous les êtres humains. La loi naturelle par son universalité unit tous les hommes avec des principes communs et immuables sans distinction de culture. Ne pas la respecter, c'est désunir l'humanité, démolir cette harmonie qui existait entre les hommes, ouvrir les conflits, créer une situation de guerre, refuser toute ouverture au dialogue. C'est aussi aller contre les lois du moi intime de l'homme. La remettre en cause, c'est supprimer le socle sur lequel les sociétés se sont bâties en détruisant l'essence même de l'humanité et la dignité qu'elle induit. Ce préjudice universel est un crime contre l'humanité. Les acteurs, s'ils n'en répondent pas devant les tribunaux des hommes, devront en répondre devant leur créateur. Ces républicains laïcs intégristes et sans foi ont l'impression, comme en d'autres temps d'autres hommes l'ont eue avant eux, de ne pas avoir à répondre de leurs actes et de leurs choix en bénéficiant de l'impunité temporelle. Cet abus de « liberté » amène, au mépris de l'autre, à la domination sur celui-ci et à la haine de ce que nous sommes, donc de nous-mêmes. Chaque personne est respectée lorsqu'elle réalise avec la plénitude de la liberté sa vocation, qu'elle choisit ses idées politiques, religieuses et culturelles, qu'elle peut décider tant que possible de son travail et qu'elle peut initier en toute responsabilité ses choix économiques, politiques et sociaux à condition de pratiquer sa liberté dans les limites du bien commun et du respect fondamental des règles de respect de l'autre. La liberté, c'est disposer de soi (pas de l'autre) et de pouvoir refuser ce qui n'est pas conforme à l'accroissement personnel ou celui du groupe qu'il soit familial ou sociétal.

Les personnes ont une égale dignité ; c'est le fondement même de la fraternité et de l'égalité entre les hommes sans distinction de couleur, de sexe, d'âge, d'origine, de culture de religion, de pays et de classe sociale. La reconnaissance de cette dignité favorise l'accroissement personnel ou celui du groupe qu'il soit familial ou sociétal. Afin d'établir cette égalité dans la dignité, il est nécessaire d'aider les plus faibles, de veiller à une harmonie des conditions d'égalité entre les deux sexes en gardant la spécificité et la complémentarité de chacun qui crée l'unité parentale propre à garantir une vie familiale harmonieuse, de favoriser avec objectivité les rapports des classes sociales entre elles et de donner aux pays la non dépendance des uns par rapport aux autres.

La vie est le trésor le plus précieux de l'homme. Par la prise de conscience de son existence, la vie humaine est notre expérience directe de celle-ci. Nous la partageons, nous l'expérimentons, nous l'assumons dans le meilleur des cas ou tentons de le faire. Nous l'avons reçue de nos parents et nous savons déjà qu'elle s'arrêtera avec notre décès. La vie terrestre est une vie passante. C'est avec la conscience de vie que nous sommes en charge d'assumer la réalité de la mort. Les victimes sont multiples sur terre. D'une part, la mort des conflits armés, des attentats terroristes, des crimes et assassinats, des accidents naturels, industriels ou quotidiens, suite à la maladie ou la vieillesse. D'autre part la mort qui sournoisement s'installe dans l'esprit et le cœur de l'homme amenant le doute, le désespoir, l'entraînant en termes de coût et de profit à fixer une valeur à la vie. Le but de la vie n'est pas de nous conduire vers la mort. Si la république est la société des morts, la Royauté est celle des vivants.

Le prix de la vie ? C'est certainement ce qu'il y a de plus relatif. Le prix de la balle de fusil ou celui des moyens en personnels et en matériels que l'on met en œuvre pour aller chercher notre compatriote perdu ou pris en otage quelque part dans un coin reculé du monde… ou pire encore l'oubli, la fin d'une vie inaperçue d'un homme dans un pays où des milliers de morts sont anonymes par carence médiatique. Et pourtant, la vie d'un homme vaut plus que tout. La vie animale et végétale est en expansion sur notre planète et bientôt dans le reste de l'univers. Pourtant, contrairement à ceux qui pensent que l'homme est une espèce du monde animal parmi les autres et ne mérite pas plus de respect qu'une plante ou qu'une bête, j'affirme avec mon cœur, ma foi, et le souffle de l'esprit, que la vie d'un homme est différente, car elle est un don. Un don du ciel, de ses parents, du peuple au sein duquel il reçoit une histoire, une culture, une tradition deux fois millénaire, des qualités et des défauts. La république veut mettre en place une échelle de valeurs, une hiérarchie des vies humaines ; l'enfant qui n'est pas né, n'a pas dignité de vivre ; il ne serait pas un être humain. Pourtant une mère, lorsqu'elle sent en elle l'enfant, dit bien qu'elle a « un bébé dans le ventre ». Et c'est bien un merveilleux petit nourrisson qui sort à terme du sein de sa mère. La personne handicapée qui n'a pas la plénitude de ses capacités, se verrait refuser la dignité d'être un être humain et d'une même manière, celle ou celui qui deviendrait fragile, victime d'une maladie incurable, qui serait usé par la vie, serait à la merci de ceux qui s'octroient le droit et le pouvoir de disposer de la vie de l'autre, jugeant de l'opportunité de mettre fin à une vie qu'ils ne considèrent pas comme digne d'humanité. C'est ainsi que quelques uns de nos semblables sont livrés à l'arbitraire du jugement de ceux qui décident si vous valez ou non la peine de vivre. Tout être humain a en lui cette étincelle divine qui lui donne la dignité et qui, quelle que soit sa faiblesse, son handicap et ses capacités, sa maladie, son âge, ses fautes et ses crimes, doit être préservée à tout prix. La vie qui a été donnée par amour, qui êtes-vous pour y mettre fin ?

Quel est le sens de la vie ? De quoi avons-nous le plus besoin ? Quels sont les ressorts qui nous font vivre ? Nous essayons d'obtenir une subsistance alimentaire, de confort, de sécurité, mais tout ceci n'est pas suffisant, il y a dans le cœur de l'homme cette humilité de considérer que la vie est un don, et celui-ci donne des devoirs ; c'est d'abord reconnaître que ce don de Dieu fait à l'homme et pas seulement à la nature, place l'Homme en héritier de la terre et de l'univers ; il en est responsable. Cette vie est une force, celle de l'homme qui n'a vocation à démolir la terre, il n'est pas le destructeur et l'ennemi du monde. Bien au contraire, c'est par son cheminement, son intelligence, sa réflexion que petit à petit il prend la mesure de sa tâche et vit en harmonie avec elle. L'Homme est capable du pire et, donc, du meilleur ; il est capable de changer son cœur et de prendre la mesure de son héritage. Le drame de la culture actuelle est d'avoir perdu le sens de l'immersion de l'amour dans la vie. Nous ne voyons dans la vie, dans l'existence humaine, qu'un fonctionnement défini par des critères d'harmonie, de fragilité, de plaisir, de déficience parfois, jusqu'au moment où certains se croient autorisés à décider que la vie d'un homme n'est plus humaine et qu'à ce titre il est possible de disposer de la vie de son prochain. Quels sont les critères en vigueur pour mériter de continuer à vivre : une performance, une utilité ? Comment prouver que l'on est encore un homme ou une femme, et surtout que l'on mérite encore de vivre dans cette société ? Il faut donc accompagner ceux qui sont dans la détresse. C'est en les accompagnant que l'on change leur regard sur eux-mêmes. C'est en étant à leurs côtés, qu'ils observent en nous l'image de leur propre dignité. C'est en notre présence qu'ils prennent conscience d'eux-mêmes en tant qu'êtres humains. Si, par contre, je leur donne le sentiment d'être de trop, si l'image que je leur renvoie met en doute la dignité de leur existence, comment n'auraient-ils pas envie de mourir puisque je ne les considère plus comme humains à part entière ? Ne confondons pas la compassion qui se tourne par amour vers l'autre pour l'accompagner, et l'émotion, qui se tourne vers soi-même, sa propre manière de vivre, ce que je pense que l'autre ressent, ou je me retrouve à vouloir mettre fin à ma propre souffrance en me projetant vers l'arrêt de la souffrance de l'autre.

Dois-je me faire hospitaliser ou mettre ma vie dans les mains d'un médecin, de peur qu'une décision qui porte atteinte à ma vie soit une option?

C'est ce que certains de mes contemporains se demandent. La dignité n'est pas affaire de valeur humaine ; elle n'est pas négociable ; il n'y a pas de personne digne de vivre ou de ne pas vivre. Comment aujourd'hui faire confiance à ceux en qui je remets mon existence s'ils sont susceptibles d'y porter atteinte ? La décision prise pour l'autre est un acte d'atteinte à la dignité, au libre arbitre de celui qui est seul légitime à faire valoir le respect de son existence et qui, en raison des circonstances, ne peut empêcher l'entourage de trahir sa confiance. Ceux qui prennent en charge les éprouvés, se refusent à éliminer les personnes, même au prix d'une lutte pour surmonter les obstacles posés par l'adversité ou par quelques uns. Ils sont d'abord des combattants pour la dignité de l'Homme et ce combat passe par le respect de la vie. Pourtant la détresse de la personne concernée ou de l'entourage explique ces décisions extrêmes qui ne sont pas condamnables dans la mesure où les infrastructures et la loi n'apportent pas de solution humainement raisonnable. Un accompagnement non seulement du patient, mais aussi des proches est nécessaire afin de diminuer la souffrance de l'un et des autres.

Certains ont reçu la lutte pour la vie comme vocation professionnelle ; ainsi en est-il des chercheurs, médecins, soignants, accompagnants, auxiliaires de vie. D'autres gardent leur famille ou même se mettent au service d'inconnus pour les aider. Tous contribuent à porter avec dignité, la responsabilité que la vie est le bien le plus précieux de l'univers et en particulier que la vie de l'homme est le don le plus extraordinaire de toute la création. Ces hommes et femmes sont par leur implication, leur abnégation, leur dévouement, le seul vrai signe de la valeur de l'amour humain. C'est en raison de la solidarité qu'il donne à ceux qui sont meurtris, cet acte de respect dans la dignité qui est due à tout être humain, que l'homme est au dessus de toute la création.

Grâce à eux et de cette entraide, de cet exemple de ce qu'il y a de meilleur en l'Homme, nous ne pouvons pas accorder de crédit aux activistes qui se réclament de l'harmonie de la nature et qui veulent détruire l'humanité afin de faire cesser les nuisances humaines. Ces extrémistes sont l'incarnation de ce qu'il y a de pire en l'homme, la culture de mort. Quant à nous, ne tombons pas dans le piège de chasser ces êtres fanatiques nuisibles, mais au contraire aidons les à devenir de vrais hommes dans la dignité, transformons l'irrationnel en chacun, la folie et la culture de mort, en service pour la vie. La police de la vie est une abomination ; la responsabilité de la vie est la seule voie d'amour et de vérité possible.

La famille est le lieu fondamental de l'épanouissement de tout être humain. C'est la plus petite cellule de la société. La famille a pour vocation naturelle le partage de la vie sociale, la protection de ses membres et la solidarité entre les personnes qui la composent. L'homme et la femme qui fondent une famille sont l'un et l'autre, dans leur altérité, des compléments indispensables. Ils sont ainsi le berceau d'amour, qui va par sa fécondité donner vie à son tour. Ensemble, et dans cette perspective, le couple va trouver une dignité nouvelle, affirmer la famille, garantir l'amour et transcender l'harmonie conjugale. Il ne faut pas oublier que le Dieu créateur, a fait l'Homme à son image ; il l'a créé homme et femme. Pour être à l'image de Dieu, il faut être homme <u>ET</u> femme, il faut faire une seule chair. Cette famille a tout d'abord des droits, des droits naturels. Elle est la société de base, son rôle est premier ; elle naît de l'intime, de la vie, de l'amour conjugal. Elle est à la fois l'exemple primordial de la vie sociale, avec le lieu premier des relations interpersonnelles et le fondement de vie de l'ordre social. La société ne peut réglementer ce dont elle est issue ; donc, elle ne peut règlementer les rapports intra-familiaux. Elle n'a pas vocation à se substituer ni à chacun des membres de la famille ni à la famille elle-même.

Au sein de la cellule familiale, l'enfant naît, grandit, apprend à vivre avec les autres, s'épanouit, acquiert des capacités nouvelles. C'est le lieu de l'apprentissage de l'amour et de la vérité, du bien et du mal. Il apprend à devenir une personne qui sait : aimer car il est aimé, pardonner car il est pardonné, respecter car il est respecté. Il apprend à recevoir ct donner. Il ne peut s'épanouir que par l'existence du lien conjugal irrévocable de ses parents. Celui-ci en son sein va permettre de générer ou d'adopter des enfants.

La famille est le premier lieu de mise en commun ; la société cst lc deuxième échelon de la mise en commun. Le principe même de la famille est de mettre au centre de l'attention chacun de ses membres en tant que finalité et non pas en tant que moyen. Les valeurs fondamentales de la vie s'apprennent en famille : les valeurs morales, les valeurs spirituelles, les valeurs culturelles de la société dans laquelle nous vivons. Le partage, la responsabilité par rapport à l'autre et la solidarité s'apprennent au sein de la famille. Celle-ci précède la société et sans elle, la société n'est pas vivable. Celle-ci ne doit donc pas se substituer à la famille. L'État en aucune manière ne doit considérer que la famille est à son service, mais au contraire qu'il est au service de la famille. Il ne peut intervenir que dans un principe de subsidiarité, à la demande expresse de la famille dans la mesure où celle-ci ne peut garantir à ses membres les tâches qui lui sont naturellement dévolues. La société a le devoir d'apporter son aide et son soutien à la famille afin que celle-ci puisse assumer l'ensemble de ses responsabilités. Pour donner un exemple : les parents sont garants de la sécurité de leur enfant. Il peut leur arriver, en raison d'une agression extérieure de ne pas être en mesure de l'assurer. La disproportion entre leur possibilité de faire cesser la nuisance et les moyens à mettre en œuvre pour la stopper n'étant pas en faveur des parents, il est légitime de faire appel à la société par intervention de l'échelon capable de mettre fin au dommage.

Celle-ci doit alors donner son aide par une médiation ou l'emploi de la force publique.

La famille est le seul lieu de l'amour gratuit. Dans une société où l'intérêt des personnes passe par les interactions d'échanges intéressés, la famille fait exception ; les membres de la famille sont aimés pour eux-mêmes. Il y a une infinité d'amours dans une famille ; il faut être parent pour savoir ce qu'est l'amour d'un père ou d'une mère pour son enfant. Il faut s'être engagé dans le mariage éternel pour savoir ce qu'est l'amour d'un époux pour son épouse ou d'une épouse pour son époux avec cette altérité à nulle autre égale. C'est cet amour familial qui fait de la famille le seul groupe qui protège ses membres sans autre ambition que de se protéger mutuellement. C'est le lieu de la vie, de l'écoute, de la solidarité, de l'humilité de l'apprentissage spirituel et temporel. La famille est aussi le lieu fondamental de l'éducation qui, dans un premier temps, se fait en son sein, puis qui est déléguée en partie à la société par les parents. D'où les écoles primaires et leurs intervenants pédagogues : les professeurs des écoles. Il est par ailleurs nécessaire que ceux-ci, en plus de leur rôle dans l'instruction primaire, aient une fonction de conseiller auprès des parents pour les aider dans l'orientation de leur progéniture avec comme premier souci l'intérêt de l'enfant. L'autorité parentale est inaliénable et la volonté des parents doit être respectée si elle ne porte pas atteinte à l'intérêt d'un ou d'autres enfants.

La famille peut être, au gré des aléas de la vie, réduite à un parent et un ou plusieurs enfants, lors du décès de l'autre parent ou d'une naissance sans père, elle se retrouve parfois avec des parents ne vivant pas sous le même toit. Elle se reconstruit. Bien sûr, il est très important de prendre acte des différentes formes de famille qui ont cours actuellement dans la société. Il n'est pas dans ce propos de juger, mais plutôt de manifester de la compassion pour ces personnes qui sont meurtries par la vie. La seule question à se poser est : quel est l'intérêt de l'enfant ? Comment peut-il s'épanouir dans le contexte familial dans lequel il est élevé ? Quel que soit le cas de figure, l'enfant ne peut être coupé en deux. Dans la mesure où le père et la mère sont connus, l'autorité parentale ne peut être aliénée. Sauf dans le cas extrême d'un crime à l'encontre de l'enfant par l'un de ses deux géniteurs, elle est conjointe entre le père et la mère.

C'est au sein de la famille que chacun peut reconnaître et accepter son identité sexuelle qui est indisponible. La complémentarité donne de l'harmonie au couple et donc par son exemple, conformément à la loi naturelle, amène les enfants à comprendre la différence et la complémentarité physique, intellectuelle, morale et spirituelle. C'est l'acceptation de la loi naturelle qui est l'essence du mariage et contribue à l'épanouissement de la vie. L'enfant naît garçon ou fille, ce n'est pas la société qui lui donne une identité ; il la découvre au sein de la cellule familiale, puis dans la société. Les concepts déstabilisants visant à détruire l'être sont aussi dans cette conception républicaine d'apologie de la mort et de destruction de la famille et de la société dans laquelle nous vivons. Qu'un jeune ou un adulte se détermine par rapport à ce qu'il ressent en lui, n'est pas condamnable. Mais la société n'a pas à relayer des conceptions idéologiques ou sectaires et encore moins à les favoriser. Ces nouveaux intégrismes à la mode déstabilisent les hommes et les femmes qui, en raison du contexte de pauvreté dans lequel nous vivons, ajoutent à l'incompréhension. Les personnes critiquant ouvertement l'éducation dans la famille détruisent et déstabilisent ouvertement la confiance que les enfants peuvent avoir dans leurs parents. Ils œuvrent à la destruction du sentiment de sécurité que les jeunes ont dans leur milieu familial. Cette volonté délibérée de faire naître la défiance et détruire la confiance entre l'enfant et son géniteur est un acte criminel. La société n'a pas comme mission d'élever les enfants ; elle n'est pas capable de donner l'amour qui doit accompagner leur épanouissement. Légiférer sur l'intimité familiale n'est pas du ressort des représentants du peuple quel qu'en soit l'échelon. Ce n'est que dans le cadre d'une substitution à la demande de la famille que celle-ci doit être encadrée par le législateur.

Si les individus ont des droits et des devoirs, en revanche, à l'intérieur de la France, la société n'a pas de droits, elle n'a que des devoirs. Vis-à-vis de l'extérieur, la France a des droits et des devoirs. Ses droits sont inaliénables et non transférables. Elle défend son peuple des agressions extérieures, rend la justice, éduque et protège les enfants dans le respect des droits naturels de la famille, et surtout, elle s'y substitue pour une durée limitée lorsque celle-ci n'est pas en mesure d'assurer la protection de ses membres. Il s'agit de substitution et non pas de transfert de compétence.

D'abord, posons quelques principes fondamentaux : dans un premier temps il faut permettre à la famille de se sentir en sécurité par rapport aux agressions extérieures dont elle pourrait faire l'objet que ce soit par un individu, une autre famille ou même un groupe de personnes, que ce soit une entreprise individuelle ou collective. L'échelon de substitution est forcément l'échelon immédiatement supérieur à celui de la famille. La protection mutuelle doit d'abord s'exercer dans la proximité. Les frères et sœurs majeurs, les grands parents, les proches, puis c'est, dans la mesure des difficultés, l'échelon immédiatement supérieur qui doit les accompagner avec, suivant l'échelle des difficultés, des prises en charge d'autant plus mutualisées qu'elles deviennent lourdes à assumer par l'échelon communautaire. Cette mutualisation est un principe premier de cette réflexion. Elle se fait du plus petit groupe jusqu'au plus important c'est-à-dire l'État. C'est aussi, quel que soit l'échelon, celui-ci qui décide qui doit être à même d'assurer et d'assumer les moyens de ses ambitions. Il n'est pas normal qu'aujourd'hui des décisions soient prises avec des conséquences humaines et financières par un échelon qui ne met pas en œuvre les moyens de ces décisions.

Dans un deuxième temps, il faut centrer l'instruction sur des fondamentaux qui sont la base même du bien vivre ensemble, non seulement apprendre à lire, écrire et compter aux enfants, mais aussi leur donner l'amour du pays dans lequel ils vont s'épanouir et évoluer. En aucune manière, il ne s'agit de nationalisme, mais tout simplement de leur donner à connaître le pays dans lequel ils vivent, d'intégrer en eux ses valeurs fondamentales, son histoire, ses ambitions afin d'être en communion avec les autres et de pouvoir se projeter vers l'avenir avec eux. Car pour aimer il faut connaître. Dans la fonction primaire de l'école, il s'agit de leur apprendre à partager l'histoire et la géographie commune de la France, ainsi que les valeurs de respect des autres peuples, d'amour de ceux-ci et de leur faire prendre conscience de leur futur rôle dans la mission de la France d'éducatrice des peuples par l'exemple, pour le partage des valeurs judéo-chrétiennes et spirituelles.

La société, en laissant une immigration incontrôlée arriver avec des fondamentaux différents, est partie du principe qu'elle devait non seulement instruire, mais en plus éduquer les enfants. Elle a donc décidé de détruire la famille afin de « faciliter une culture commune » qui, par essence, ne se substitue pas, mais s'additionne aux autres dans un mélange incompatible et explosif qui fait que l'enfant est déstabilisé dès qu'il sort de chez lui, ne pouvant pas se reconnaître dans la société dans laquelle il vit. La société française essaie de marier la carpe et le lapin à grand renfort de manipulations génétiques qui se solderont tôt ou tard par un phénomène de rejet. La grcffc ne peut marcher. Peut-on mettre un cœur de carpe dans la cage thoracique d'un lapin ? Une minorité d'intellectuels réclame maintenant que l'école se substitue à la famille en dénonçant celle-ci comme inapte à apprendre aux enfants les seules règles admissibles de la pensée unique. Ce n'est pas en se substituant, par la force de la loi, aux parents parce qu'ils ne correspondent pas dans leur pensée aux règles morales de quelques uns et qu'ils ne votent pas comme l'oligarchie le souhaite, qu'il est nécessaire de diffuser un message discréditant pour les parents. Il s'agirait plutôt de savoir expliquer les bons et les mauvais côtés de l'histoire commune, afin que le jeune adolescent puisse se forger par lui-même une opinion. Laissons le libre arbitre opérer, et surtout n'inculquons pas une bonne manière de penser. Ceux qui empêchent de réfléchir, forment de futurs moutons qui seront bien vite derrière le premier dictateur éloquent.

Dans cette société individualiste, il est nécessaire de réapprendre aux hommes l'essence même de leur héritage, la vie en commun ou vie en société. C'est dans le cocon familial que ce premier apprentissage se crée. L'homme prend sa grandeur par l'amour intra familial et apprend la liberté, la gratuité du don et de la réception du don de l'autre. La vie familiale est un accord de tous les jours. C'est le véritable espace de liberté d'un oui perpétuellement renouvelé, d'où un respect mutuel qui prend vie par le dialogue, le partage, la solidarité et la justice, qui amènent à l'épanouissement de la dignité humaine individuelle et collective au sein de la famille. L'amour est le ciment familial. La famille, c'est la transmission entre plusieurs générations et l'aide que l'on peut accorder aux grands parents ou qu'ils vont nous apporter. Cet amour familial peut se traduire par un accompagnement, par des soins et par l'assistance appropriée à l'état de chacun. C'est surtout, quand c'est possible, du temps donné. Là aussi, c'est d'abord dans la cellule familiale que doit s'assumer l'amour de nos enfants et de nos aînés.

IV

Le Grand Monarque

Il n'est pas possible de faire abstraction de la notion prophétique du Grand Monarque. Lors de mes nombreuses discutions avec les Français, j'ai appris qu'il existait une « prophétie » du grand monarque et cette doctrine est si vivace que j'ai souhaité un éclaircissement. J'ai pris mon bâton de pèlerin, mon viatique et j'ai avancé sur ce chemin spirituel sinueux et parsemé d'embuches qui m'amène où ? Je ne le sais pas, mais avec l'aide de Dieu, rien n'est impossible et je mets ma foi en Lui.

D'abord, il me faut définir le Grand Monarque, Ensuite il faut envisager et entrevoir son action, Enfin, il faut trouver qui il est. En quoi le grand monarque est-il différent du Roi de France ?

A priori, il n'est pas différent dans la mesure où il est la même personne que le Roi de

France qui va régner. Par contre, lors de sa mort et des règnes de ses successeurs, le grand monarque va continuer son œuvre par l'esprit qu'il aura su insuffler à l'Europe d'abord, puis au reste de l'Humanité ensuite. Non pas physiquement, mais par les actes qu'il aura posés et qui vont perdurer. Il continuera aussi à régner, car les pays les uns après les autres se rallieront à ses concepts mis en place en France et qui contribueront à cette lumière des peuples, celle qui les fera sortir de l'obscurantisme. Ceux-ci se traduisent par l'installation de structures permettant de mettre la justice, la paix et l'amour de l'autre au centre des préoccupations universelles. Dans un premier temps, elles ne seront pas forcément acceptées par les autres pays, mais les États s'approprieront ensuite individuellement ces principes en mettant en place les structures adéquates.

Son action se situe dans la continuité de la vocation française d'éducation des peuples dans les préceptes d'Amour, de Vérité, de Justice et de Libre-Arbitre. Pour le faire, commençons d'abord à intégrer comme essence de toute forme sociétale la vie et la famille, ensuite, développons le principe de subsidiarité afin de mettre en adéquation la demande de la cellule familiale avec la taille de la collectivité permettant d'y répondre positivement, enfin, faisons évoluer la législation vers les notions de dignité humaine et le service du bien commun, quel que soit le niveau territorial concerné. Après, il s'agira d'installer des structures temporelles afin d'adapter les principes en lois opposables à tous, outils indispensables à tout État de droit. Cette action se situe aussi dans la volonté du respect des uns par rapport aux autres aussi bien pour les individus que pour les territoires ou les États. Comment tolérer que des pays puissent être subordonnés les uns aux autres ? La plus lourde tâche pour le grand monarque sera de faire prendre conscience en matière de relations internationales que tous les pays sont égaux et que la pression de l'un sur l'autre s'apparente à un acte hostile. De la même manière, il s'agit de transmettre les savoirs pour permettre à l'Humanité toute entière d'évoluer d'un même élan. Bien sûr, tout ceci doit se faire avec intelligence et clairvoyance dans le but de servir la paix, l'amour et la justice.

Comment définir l'homme qui peut remplir cette charge ? Tout d'abord, il devra être un homme d'une grande foi, car c'est celle-ci qui va lui montrer le chemin. Il ne sera pas religieux, car la gestion du temporel n'est pas affaire d'Église. Il sera un homme d'une grande intelligence, d'une grande culture, éclairé par la prière, et dont les actes ne peuvent être guidés que par l'amour et la vérité. Il sera exemplaire dans la défense de la justice et du respect du libre arbitre. C'est par son exemple qu'il servira l'humanité toute entière. Il n'imposera rien aux autres nations. C'est en l'écoutant, en analysant et regardant ce qu'il va mettre en place, c'est en observant sa compassion, sa magnanimité et sa justice qu'il va préparer le monde à changer et s'ouvrir au respect de l'Homme, de la Terre et de l'Univers. Car sa vocation est œuvre de Paix et de Vérité. Il sera de la race de Saint Louis et fils d'Henri IV. Ce Roi de France a conscience de son destin ; les Français ne le connaissent pas, il est né hors léans, c'est-à-dire hors là-dedans. Loin du pouvoir.

Le Grand Monarque va régner sur l'Occident, mais contrairement à la pensée du commun des mortels qui s'imagine qu'il va être un Roi ayant souveraineté sur tous les pays d'Occident, il sera bien plus que cela. Je pourrais faire un parallèle (mais seulement à titre d'exemple) avec le règne du Christ. Certain de ses contemporains, s'imaginaient qu'il allait régner immédiatement et devenir Roi d'Israël. Mais ceux-ci n'avaient pas pris la mesure de l'universalité du règne et du royaume dont il était le souverain. Le grand monarque va d'abord régner comme autorité morale qui va poser les fondements d'un nouveau monde, plus proche de Dieu et des Hommes. Il va poser de grands principes universels qui vont guider l'Humanité. Pas dans le répertoire théologique et spirituel car il n'a pas vocation religieuse, mais dans celui de l'élévation de l'homme et du respect de sa dignité. Il est un homme du temporel, d'un temporel qui prend racine en son règne. Une fois ces fondations posées, il définira les orientations à mettre en œuvre dans sa vocation temporelle inspirée par le message d'amour, de paix de vérité, de justice et de libre arbitre donné aux hommes. Son règne n'aura pas de fin, mais il faudra de nombreuses années pour que celui-ci embrasse toute la Terre.

Le Grand Monarque, grâce à son impulsion qui placera l'amour du prochain comme règle de base de la société, créera un homme nouveau. Les structures sociales rénovées pour le bien de l'homme et par respect pour les droits humains fondamentaux, la qualité des relations entre les êtres amèneront de nouveaux rapports entres les personnes. Les conflits se changeront en paix, la haine en amour, les rapports humains seront bienveillants et de qualité. La justice, la paix, la vérité, la solidarité s'inscriront dans le développement en France d'abord et dans le monde ensuite. La lutte contre l'oppression, la pauvreté, le chômage et le respect entre les hommes seront le point à atteindre. Comment tolérer qu'aujourd'hui en France et dans le monde, des êtres humains, ne puissent pas accéder à l'eau, n'aient pas de toit, souffrent de disette voire de famine, meurent par manque de soins ? Comment tolérer qu'aujourd'hui en France et dans le monde, que l'alphabétisation soit encore impossible dans plusieurs pays, des enfants soient exploités, des hommes et des femmes vivent en esclavage laborieux ou sexuel et que le développement humain ne soit pas une volonté première de l'humanité ? Comment tolérer qu'aujourd'hui en France et dans le monde, que la lutte contre l'injustice, la guerre, le terrorisme, l'assujettissement d'un pays par un autre ne soient toujours pas des priorités internationales si elles n'ont pas d'impact sur les enjeux financiers mondiaux ? Comment tolérer qu'aujourd'hui en France et dans le monde, que la discrimination sociale, l'âge, la maladie, le handicap, la solitude, la drogue, amenant la désespérance et la mise à l'écart, ne soient pas pris en compte plus concrètement par les gouvernements et la communauté internationale ? Le destin commun de l'humanité passe par une prise de conscience d'abord, par des actes réfléchis ensuite. Nous ne pouvons pas nous mettre à l'écart des grands enjeux écologiques de la planète. C'est par cet éveil lucide individuel et collectif d'un seul destin commun, que la prise de responsabilité permettra à l'humanité d'évoluer vers le seul chemin viable qui nous aidera à vaincre les freins imposés et conditionnés par la technique, restrictive de liberté, et l'économie avilissante de l'ordre mondial actuel. Le destin de l'humanité passe par l'engagement de progresser au véritable bien commun des habitants de notre planète, toute vie humaine devant faire avancer ses semblables vers plus de solidarité, de respect et d'amour. La liberté et la dignité pour l'Homme, avec l'Homme et en l'Homme seront fondatrices d'un nouvel ordre politique, social, économique et moral. Ainsi, nous pourrons tous vivre en paix, œuvrer pour la justice et la solidarité.

Chacun et chacune individuellement et communautairement intègreront ainsi ces valeurs et les diffuseront, dans leurs propres communautés, puis dans les autres jusqu'au niveau le plus élevé. C'est par le libre-arbitre, l'intelligence et la volonté de chacun, que l'évolution gommera les frontières entre la nature, la technique et la morale. C'est en assumant notre condition d'Homme-gardien : de la planète, du règne animal et végétal, et des autres hommes, que cette responsabilité tant individuelle que collective, nous fera changer de comportement et donnera au destin de l'humanité un nouvel élan dans la tolérance de l'autre, de ce qu'il est, tant dans ses options philosophiques que dans son intégrité physique et morale.

La république gère à la petite semaine. Le Grand Monarque par son intemporalité ne peut s'inscrire que dans l'Histoire de l'Humanité. Il est l'incarnation d'une vision à long terme. Le Grand Monarque et Roi se situe non seulement dans la continuité, mais encore plus dans l'avenir de l'Homme, car il n'est que le maillon d'une chaîne sans fin qui contribue à l'élévation, et de l'Homme et de l'Humanité toute entière.

V

Le souverain c'est le Roi.

Le roi est le souverain. Il a la préséance. L'action du Roi se situe dans des domaines variés. Ils sont de deux sortes, d'une part, sous forme de grands principes de référence : garant de la dignité humaine et des libertés publiques, de la stabilité et de l'unité du pays, et d'autre part, dans des fonctions régaliennes traditionnelles comme la justice, les affaires extérieures, la défense militaire et économique, le contrôle de l'action publique, l'aménagement du territoire et la promulgation des lois.

En ce qui concerne la dignité humaine, l'homme est le centre des préoccupations. Dans une première approche, il est nécessaire de garantir aux Français le gîte, le couvert, la vêture et de donner l'accès à la santé, puis de favoriser dans un deuxième temps la vie sociale. Enfin, dans une troisième phase, de lui fournir un éventail de possibilités pour s'épanouir. Nul Français, sauf si c'est un choix délibéré, ne doit être contraint à ne pas bénéficier d'un domicile. Afin de favoriser la réinsertion de ceux qui n'en n'ont pas, un accompagnement social humain est mis en œuvre. Le souverain est l'initiateur moral de l'action publique pour garantir la dignité humaine. Dans ce cadre les décisions qui seront prises, bien que restrictives, s'inscrivent dans la volonté de fournir un logement pour chacun. Il est envisageable de mettre en place une restriction pour les biens immobiliers d'habitation afin de favoriser les personnes ayant la nationalité française. Une personne sans domicile fixe est rapatriée vers son territoire d'origine, qui prend en charge ses frais de rapatriement, et se charge de la loger et de lui donner suffisamment pour une aide à la réinsertion. Il va de soi que cette personne bénéficie d'un accompagnement social individuel imposé afin d'évaluer les démarches utiles à son retour dans la vie en commun. Par principe, les indemnités versées aux personnes doivent être la compensation d'un travail. Celui-ci, au minimum à mi-temps, est rémunéré au demi-salaire minimum. En aucun cas il ne s'agit d'un travail à durée indéterminée, mais d'un travail à vocation d'insertion dans la vie active. La dignité est la plus grande des priorités. Et la dignité sociale passe par le labeur quotidien.

C'est aux territoires de choisir entre eux l'échelon le plus adapté à la prise en charge des personnes en resocialisation. La personne qui travaille pourra ainsi s'habiller, subvenir à ses besoins en nourriture et bénéficier de l'accès aux soins. Une aide à la gestion lui sera proposée. En attendant la remise au travail effective, le demi-salaire minimum sera versé moyennant une activité d'intérêt général adaptée. Pour les personnes en difficulté d'insertion, des foyer-logements seront mis à disposition des services sociaux. Les étrangers sans domicile fixe seront invités à rejoindre le pays de leur choix. Des accords entre les pays d'origine et la France seront contractualisés pour ce retour. Bien sûr, il ne s'agit pas des personnes arrivées illégalement en France, mais des personnes pauvres et fragilisées par les revers de la vie. Les personnes bénéficiant dans le dispositif d'aide du demi-salaire pourront accéder à la santé et aux soins, car étant rémunérées, elles bénéficieront des mêmes prestations que les autres salariés. Une fois leur situation stabilisée, elles seront appelées à rechercher un emploi à temps plein et, en cas de besoin, bénéficieront d'une formation en alternance dans des métiers en pénurie de volontaires. Le labeur et le logement permettront ainsi aux personnes de s'ouvrir vers une vie sociale, dans le travail, puis dans les rapports humains avec ceux de l'extérieur. Un éventail de loisirs, de sports à pratiquer, d'actions culturelles et cultuelles sera proposé afin de parfaire l'assimilation avec les autres personnes du territoire.

En ce qui concerne les libertés publiques. Celles-ci sont multiples et se définissent par un cadre à valeur législative. Celui-ci est lui-même encadré par un bloc de textes qui ont une valeur supérieure et servent de référence non seulement à l'organisation de la France, mais, en plus, posent des conceptions philosophiques à suivre et s'assujettissent à ses valeurs fondatrices. Loi fondamentale du royaume, droits de l'homme, doctrine sociale, préambule dc 1936… Ce bloc de textes étant lui-même, encadré par la notion universelle des droits premiers, dont le droit naturel, que l'on peut nommer libertés fondamentales. Les droits primordiaux pour l'individu sont assurés dans l'État de droit. Tous les Français sont égaux devant la loi. Les textes ratifiés par la France après référendum ont une valeur contraignante quant à leur principe, dans la mesure où elle est seule juge de leur application.

La France est une et indivisible, elle n'a pas vocation à se noyer dans des supranationalités. L'unité du territoire et du peuple sont des valeurs imprescriptibles. Le bien commun l'emporte sur le bien individuel qui est facteur de division et d'égoïsme. Le Roi incarne cette unité ; la nationalité est le signe de l'identité française de chacune et de chacun. C'est par cette identité que nous avons un passé, un présent et un avenir communs. C'est en nous connaissant nous-mêmes, que nous pouvons accueillir l'autre, en lui faisant partager ce que nous sommes. L'accès à la nationalité, n'est pas un acte anodin, car il engage non seulement celui qui y accède, mais en plus ses descendants à venir. La renonciation à la nationalité d'origine est l'acte fondateur de l'accès à une nouvelle nationalité. La double nationalité ne permet pas à l'individu de se situer dans une logique de continuité ; elle le tiraille entre plusieurs cultures et ne lui permet pas de s'assimiler pleinement dans le pays d'accueil. Il n'est pas dans ce propos de renoncer à ses origines, qui sont une partie intégrante de l'individu, mais au contraire de se fondre pleinement avec ses contemporains pour partager une nouvelle vie. Pour servir pleinement son pays d'adoption, il est nécessaire de faire un choix qui permet, avec les autres, d'intégrer le passé commun du nouveau pays, de vivre le présent et de se projeter vers l'avenir. L'appartenance à un peuple passe par deux appartenances : celle à un territoire et celle à une même communauté. Le socle et patrimoine commun des Français comprennent d'abord ce sentiment d'appartenance. Le choix de la nationalité unique pose l'homme sur cette terre de France et, en particulier, sur un territoire qui est celui de sa naissance, de ses origines ou qu'il choisit s'il accède à la nationalité de concert avec le territoire lui-même. Il se rattache à un territoire du sol de France. Ce choix, y compris pour ceux qui ont déjà la nationalité, se justifie par son attachement par une filiation sur ce territoire ou par des intérêts légitimes à ce lieu. Celui qui accède postulera avec des arguments motivés sur plusieurs territoires en fixant un ordre de préférence. En cas de refus de ceux-ci, le tribunal prononcera le rattachement. Ce choix engage sa propre descendance. L'accès à la nationalité française doit être facilité. Une vie légale de cinq ans sur le sol de France, sans condamnation judiciaire, avec un diplôme français et la renonciation à sa nationalité d'origine permet d'accéder à la nationalité. Un examen d'études primaires est instauré. Celui-ci doit permettre d'évaluer que les personnes qui souhaitent obtenir la nationalité sachent lire et écrire en français, compter, connaissent des rudiments d'histoire et la géographie de la France. Les enfants passent le même diplôme en fin de primaire. Les programmes et l'organisation de l'école est prise en charge par le pouvoir royal, ainsi que la formation des professeurs des écoles. Pour les accédants à la nationalité, une enquête de police ou de gendarmerie est diligentée. La nationalité est donnée par décision de justice. Le territoire qui accueille, organise une réception pour les nouveaux Français.

La stabilité du pays se décline par une juste répartition des territoires du sol de France avec des compétences territoriales adaptées qui créent un « vivre ensemble » solidaire, indispensable à l'épanouissement individuel et collectif, et par un équilibre avec les pays tiers qui comprend l'indépendance militaire et économique, la maîtrise des flux migratoires ainsi que la possibilité de se faire respecter par les autres.

La nouvelle partition des territoires répond à un principe simple, celui de la plus grande compétence à l'échelon le plus petit, c'est-à-dire une réelle compétence de proximité. Le centralisme jacobin républicain est une machine à broyer les différences. C'est une source d'intolérance et de déni des particularités locales. Cette hostilité manifeste refuse et tente de détruire les traditions et les identités territoriales sans tenir compte et sans respecter les spécificités. Par le dénigrement, le rejet, voire la destruction de la culture linguistique, sociale et des croyances traditionnelles, les gouvernements assurent la pureté présumée de la république et de la laïcité intégriste. L'État (société centralisée) est devenu source de la persécution religieuse anti-judéo-chrétienne. Le principe de mettre tous les Français dans un seul moule par une conflictualité radicale raisonnée excluant ceux qui gardent leur faculté de libre arbitre, n'est pas autre chose qu'une des formes de la xénophobie. Cette dimension politique et violente véhicule le reniement des spécificités locales afin d'obliger les personnes qui habitent le territoire à se déraciner, non seulement physiquement, mais surtout mentalement et moralement. Ce sont les tenants de la doctrine mondialiste, socialiste, républicaine et libérale, qui nous assènent les vertus de la supra nation, en mettant en exergue le concept de citoyen du monde. Un seul type d'individu, ni homme ni femme, ni d'un pays ni d'un autre, sans Dieu et sans foi, qui ne réfléchit plus et a perdu toute faculté de penser. Le groupe à la tête du monde, qui décide pour son intérêt personnel, ne donnera plus la parole qu'aux philosophes dont les concepts ne nuisent pas au nouvel ordre de la dictature mondiale, où l'économie et l'argent auront remplacé la dimension spirituelle de l'humanité. L'homme deviendra l'esclave de la finance et de l'économie. Un adolescent à mes côtés m'a dit : « Pourquoi la république de Weimar n'a pas empêché Adolf Hitler de prendre le pouvoir ? Si j'avais été allemand à l'époque et que je l'eus rencontré quand il était jeune, je l'aurais tué». Il a bien fallu que je lui explique que l'on ne tue pas les gens en raison de ce qu'ils pourraient devenir, car à l'époque on ne savait pas qu'il prendrait démocratiquement le pouvoir et qu'il deviendrait un des pires monstres de tous les temps. Pourtant lorsqu'il a publié son livre, le doute n'était plus permis sur ses intentions et, lorsque l'on écoutait ou voyait son entourage, l'évidence sautait aux yeux. Aujourd'hui nous sommes dans un contexte similaire, avec deux blocs qui tentent de rallier les électeurs pour mettre en place leurs dictatures centralisées. Le bloc des tenants d'une soi-disant bonne pensée, qui renient ce que nous sommes et qui, par leurs dérives sectaires, veulent nous assujettir à la finance internationale, aux supranationalismes et nous lobotomiser, et le bloc National-populiste qui veut mettre en place un repli sur soi. A titre de rappel, la notion de Nation Europe était utilisée par les fascistes italiens et le service de propagande du IIIème Reich. Pour en revenir à l'approche territoriale, c'est tout d'abord dans la cellule familiale que l'individu a la faculté de s'épanouir dans le respect, l'amour, la solidarité et les interactions qui en découlent. Pourtant, il est tributaire de l'extérieur. L'environnement sociétal dans lequel vit l'homme peut lui apporter des problèmes existentiels personnels comme la pauvreté, l'absence de travail, le manque de logement et de repas. Ces carences amènent à une réflexion pour définir ce qui est commun à tous : l'enfance, l'éducation scolaire, la vieillesse, la maladie, la défense, la sécurité, le secours, l'hygiène et la solidarité afin, non seulement d'apporter des solutions, mais de définir le degré de mutualisation pour la résolution de ces états de vie. Cette liste est bien sûr non exhaustive. En cas de carence dans la résolution de ce commun à tous, le principe de base se décline dans une solution à apporter au sein de la famille. En raison de la complexité ou des implications financières, il est parfois nécessaire de mettre en œuvre à un échelon supérieur les moyens pour arriver à satisfaire la demande. Par exemple : l'approvisionnement en eau et le traitement des eaux usées, le ramassage et le tri sélectif des ordures ménagères. C'est alors une compétence collective en matière de santé publique, d'hygiène et d'accès à l'eau potable, celle-ci en raison des moyens à mettre en œuvre deviendrait une compétence territoriale. Mais sans aller déjà dans les gros moyens à mettre en place, dans la suite logique de ce raisonnement et pour des difficultés simples, l'échelon supérieur à la famille pourrait être les personnes proches géographiquement ou celles qui partagent le quotidien, parents des autres enfants scolarisés, collègues de travail ou de loisirs. Il est nécessaire de ne pas mettre de carcan légal à cet échelon. Au niveau de compétence du territoire du lieu de vie, des services ont vocation à être mis en place. Ceux-ci peuvent être déconcentrés dans les communes pour assurer un service de proximité. Au fur et à mesure de la mise en place de moyens importants, l'échelon territorial est de plus en plus vaste. Une réflexion judicieuse nous apporte un ordre d'idée dans l'étendue des territoires, du plus grand vers le plus petit de ceux-ci ; il pourrait s'inscrire en France métropolitaine douze provinces, elles-mêmes fractionnées en circonscriptions territoriales suivant la carte des tribunaux de grande instance. Ceux-ci à leur tour divisés en trois ou quatre territoires. Nous pourrions obtenir ainsi une cohérence territoriale nationale. L'enjeu politique étant que le plus petit échelon territorial délègue à l'échelon supérieur une partie de ses compétences lorsqu'il n'est pas en mesure de les assumer en termes de moyens physiques ou financiers. Les modalités de transfert seraient à fixer au niveau national. Les compétences sont négociées en vue d'un accord entre deux échelons territoriaux. La demande allant du plus petit échelon vers l'échelon immédiatement supérieur pour une durée comprise entre 10 et 30 ans sans tacite reconduction, l'acte de transfert étant un acte volontaire d'une durée déterminée. Il va de soi que l'on ne peut transférer que ce que l'on a reçu soi-même en délégation de compétence. Une commission provinciale des compétences se chargerait de contrôler l'opportunité des délégations, une compétence ne pouvant se partager entre deux échelons territoriaux. Ce choix permettrait de ne pas cumuler de doublon entre différents échelons de compétences. Une fiscalité propre et solidaire est indispensable quels que soient les niveaux. La solidarité se situerait selon deux critères, la surface et le nombre d'habitants du territoire. Une péréquation devrait être établie pour gommer les inégalités territoriales. Quant à la France, elle ne peut déléguer que ce qu'elle a reçu des territoires et ce qui ne nuit pas à son indépendance.

Le second volet de la stabilité se situe dans la capacité diplomatique en matière de défense et d'économie, la maîtrise des flux migratoires et notre non subordination à tout autre pays. Un principe universel a toute sa place dans l'humanité : celle de la stricte égalité entre les pays, donc entre les peuples. Actuellement, la plupart des États sont inféodés les uns aux autres ; or, cet état de fait est insupportable en raison des pressions et des accords mutuels obligatoires qu'il génère, entraînant parfois par le respect des alliances un pays dans un conflit qui ne le concerne pas directement. Il est très difficile d'y échapper, car sous des prétextes divers et variés, parfois même pour des questions de principe, le conflit économique ou armé vient porter atteinte à l'intégrité d'un peuple. Or, celui-ci n'est pas toujours responsable du marasme dans lequel il est entraîné. L'indépendance est le bien le plus précieux d'un État. C'est en traitant d'égal à égal et en renforçant leur coopération que deux pays peuvent se rapprocher pour mettre en commun que ce soit en matière philosophique, morale, politique, industrielle ou économique, leurs connaissances et leurs recherches afin de faire progresser l'humanité. Afin d'arriver à repartir sur de nouvelle bases plus saines, les États seront obligés dans un premier temps de se recentrer sur eux mêmes. Pas dans la logique d'une révolution, mais dans celle de se préparer à aider les autres à se développer. Dans un deuxième temps, c'est en progressant tous ensemble que se résoudront les crises ; le partage apportera plus de solidarité, mais pas celui qui ne va que dans un sens, celui qui est raisonné et raisonnable, celui où l'on donne pour aider l'autre à apporter sa contribution à l'humanité. Ne confondons pas comme c'est souvent le cas aujourd'hui, le partage et le don. Dans le premier cas, c'est un échange, dans le deuxième, c'est un puits sans fond et cela n'encourage pas celui qui reçoit à progresser. L'économie, la force armée, les expansions doctrinaires ou religieuses sont autant de motifs de conflits entre les uns et les autres. C'est pour cela qu'il faut se résoudre aujourd'hui à fixer les frontières définitivement avec une volonté de dialogue et la fermeté due aux choix internationaux. C'est par l'indépendance de notre capacité d'intervention sans l'aide d'un tiers à l'extérieur, en déployant les forces armées, et de notre possibilité de maîtriser notre économie nationale que nous pourrons garder notre liberté d'agir et d'instaurer avec l'accord des autres nations une stabilité internationale propre à une évolution sereine de l'humanité. Les pays tiers ne peuvent pas imposer une philosophie, même économique, à l'intérieur d'un pays. Ils peuvent réguler les échanges entre les États, mais n'ont pas à s'occuper des choix internes de chacun. Les arbitrages économiques dans un pays peuvent ne pas faire appel à la concurrence s'il s'agit de services publics ou de l'indépendance de l'État. Les choix stratégiques économiques des services publics ne peuvent être régulés par une instance internationale. Si la France décide que le chemin de fer comme la poste sont des services publics, les instances supra nationales ne peuvent pas imposer une vision économique y compris de libre-concurrence sur ces choix. En matière de défense, nous sommes dans la même logique, les options ne sont pas sujettes à négociation avec un ou des pays tiers. L'indépendance est la seule possibilité. En revanche, notre aide peut être fournie aux pays amis ou à ceux qui ont un intérêt commun avec nous. Par contre, comment accepter qu'une banque soit encore sous le contrôle de l'État alors que le secteur est soumis à la concurrence ? Quelques exceptions peuvent être cependant conservées, par exemple, en ce qui concerne les secteurs scolaire et universitaire ou celui de la santé. Car nous ne sommes pas dans la pure concurrence, nous sommes dans une logique de complémentarité. En termes d'aménagement du territoire, il en est de même ; il est nécessaire de définir clairement ce qui relève du service public. Faut-il donner des concessions et à quel niveau de territoire celles-ci doivent-elles se décider ?

Les fonctions régaliennes traditionnelles comme la justice, les affaires extérieures, la défense militaire et économique, le contrôle de l'action publique et la promulgation des lois est le socle de base de la souveraineté. Il s'agit d'abord de l'indépendance de la Justice, puis de sa partition entre le Parquet et le Juge, et enfin de l'application des peines de justice prononcées. La justice pénale sera volontairement plus approfondie que la justice administrative et les grands principes de la dignité humaine seront pris en compte dans la privation de liberté.

La France souffre d'un très grand nombre de lois qui augmentent la judiciarisation et étouffent les tribunaux et donc le pouvoir judiciaire. Si l'institution demande la confiance dans la justice, en revanche, le droit républicain, par sa propension à légiférer sur tout, est devenu source de méfiance, voire de défiance. Par exemple, nous connaissons tous l'autorisation signée que nous donnons au photographe, pour qu'il puisse se couvrir concernant le droit à l'image. Pourtant, celui-ci ne devrait être invoqué que si l'image est dégradante pour celui qui est filmé ou photographié. Une atteinte à la vie privée dans un espace public ne peut donner matière à saisie du tribunal, car se situer dans cette sphère est un acte volontaire. Par contre, être filmé victime d'un accident de la route l'est, car il ne donne pas une image de soi conforme à celle que l'on souhaite donner.

Cette intrusion du droit dans tous nos actes de la vie quotidienne nous désunit et détruit petit à petit le « vivre ensemble ». Dans cette crainte perpétuelle, c'est un véritable fléau qui, à force de prudence dans nos rapports humains, jette le discrédit sur le droit et par ricochet sur l'ensemble des institutions de justice. Cette autorité est celle qui devrait le moins souffrir de discrédit. Une réforme du droit s'impose donc avec, comme principe de base, créer des lois ayant une portée générale et favorisant le « vivre ensemble » et non pas des lois à portée individuelle, montant les Français les uns contre les autres. Il faut changer la philosophie de la loi. L'évolution positive du droit dans la société est de contribuer à la régression de la force violente, en créant des rapports sociaux réglementés avec pour objectif d'aider à la mise en place de rapports humains apaisés. Il est normal pour la victime qu'elle se sente lésée face à une peine qu'elle estime trop clémente ; il est normal pour le condamné qu'il estime la peine trop lourde. C'est le principe même de la justice de tendre vers la condamnation la plus raisonnable pour les deux parties.

Il faut dès maintenant séparer les trois parties prenantes dans l'action de justice. L'avocat indépendant des pouvoirs qui défend les intérêts de son client, le procureur qui défend ceux de la société et qui, à ce titre, est dépendant du pouvoir exécutif élu, et le juge qui a pour fonction de découvrir la vérité et de dire le droit en toute indépendance. Pour donner plus de transparence à la justice, il convient de séparer le Parquet et le Tribunal. Les fonctionnaires, s'ils sont formés dans la même école, doivent respecter dans leurs attributions, une stricte séparation. Le Procureur est un fonctionnaire dépendant du gouvernement ; à ce titre, il est un magistrat qui, au nom du peuple Français, a autorité d'enquête sur la police qui elle-même dépend du gouvernement ; il défend les intérêts de la société et accomplit sa tâche dans le respect d'un délai qui, à expiration, lui impose de se prononcer par un non lieu ou en demandant justice au Roi par saisine du Juge. Tout justiciable doit passer par le parquet, si l'affaire n'est pas sous saisine du Juge. D'un côté, l'indépendance du Parquet pourrait mettre en péril la démocratie car, comme garant de l'ordre public, il a à mettre en œuvre les directives de l'exécutif. Il est aussi très important que celui-ci se saisisse à la demande du ministre du gouvernement sans avoir la possibilité de décider d'un non lieu au niveau de sa saisine. D'un autre côté, l'action publique doit être garantie par une forme d'indépendance des procureurs, garants de l'égalité des citoyens devant la loi. Ils sont les défenseurs des libertés publiques et porteurs de l'intérêt général comme les avocats sont porteurs des intérêts des particuliers.

En ce qui concerne les Juges et l'approche du pouvoir judiciaire lui-même, il convient d'aborder celui-ci selon deux axes : l'institution judiciaire comme pouvoir propre en considérant ses relations avec les autres pouvoirs, et la justice, service public de régulation des conflits au sein de la société Française. Mais tout d'abord, c'est par l'indépendance de la Justice que la France bénéficierait d'une vraie démocratie. Ce qui est loin d'être le cas dans notre république.

Un Roi incarnant la justice et non inféodé aux autres pouvoirs pourrait garantir cette indépendance et nous apporter plus de démocratie.

Le pouvoir exécutif actuel domine le pouvoir législatif et le pouvoir judiciaire (autorité de justice). La république ne correspond donc pas à l'idéal de démocratie que l'on est en droit d'attendre d'une démocratie au XXIème siècle. Une autorité souveraine indépendante, libre de toute nomination et de toute contrainte partisane, peut seule garantir le statut des personnes qui composent l'autorité judiciaire et, par extension, leur liberté de jugement. Le comportement des hommes et femmes de pouvoir qui se mêlent des affaires de justice en cours ou qui mettent en doute l'indépendance de l'institution judiciaire, et l'absence de respect à l'égard de celle-ci aux yeux du public n'est plus tolérable ; elle peut s'apparenter à une pression exercée sur les juges. Il est nécessaire aujourd'hui que toute critique d'un magistrat ou de l'institution judiciaire dans les médias ou en public fasse l'objet d'une procédure par le Procureur et d'une saisine du Juge en comparution immédiate et en cas de culpabilité, d'une incarcération, y compris du personnel politique. C'est le seul moyen de garantir que la démocratie sorte grandie, par le respect de l'institution et de ceux qui œuvrent pour la vérité. Il n'est pas normal que l'on puisse entendre des appréciations négatives manipulatrices et constater des interventions intempestives des acteurs sociaux lorsqu'une décision plaît ou déplaît politiquement, sous couvert d'une soi-disant compassion ou victimisation d'un condamné. Ces intervenants dans l'espace public ne doivent pas entraîner, par leur propos, une condamnation de l'institution judiciaire, des jurés ou des juges. La justice n'obéit pas à des doctrines partisanes ; elle dit le droit. C'est pour cela qu'un procès n'a pas vocation à être le lieu d'un débat sur une loi ou sur un fait de société, car c'est une prérogative législative. Si, en outre, la France reconnaît certains textes européens comme règles de droit applicable en France, en revanche, aucune juridiction supranationale n'est reconnue comme s'appliquant à notre pays. Il n'est pas admissible qu'une décision de justice soit contestée ou annulée par une juridiction extérieure au pouvoir judiciaire français. La contribution française aux Cours de justices internationales ou européennes doit cesser. Les condamnations financières (ou autres) de la France quelle qu'en soit l'origine sont des actes hostiles à notre pays.

Les Français constatent depuis les cinquante dernières années, que notre conception de la justice a changé ; nous avons une idée du droit qui est procédurale ; nous attendons le Juge comme médiateur, comme conciliateur. Nous souhaitons que le Juge dise ce qui met les gens d'accord, et non pas le juste. Une remise en place des valeurs fondamentales du rôle du Juge et de sa fonction est nécessaire. Son autorité ne saurait être bafouée si, dès le plus jeune âge, nos enfants apprennent à le respecter.

Si les membres du pouvoir exécutif et législatif en dehors de leurs hémicycles et de leur conseil devraient avoir à répondre sans délai devant le pouvoir de justice des crimes et délits, commis hors du cadre de leurs fonctions, en revanche, ils ne devraient pas avoir la possibilité de convoquer les agents du pouvoir judiciaire. Ceux-ci n'ayant pas de comptes à rendre aux autres pouvoirs de l'exercice de leur charge. En contre partie, une autorité collégiale, sous l'autorité d'un président nommé par le souverain, régulerait l'action de justice et sanctionnerait les manquements déontologiques.

La critique de l'institution judiciaire par les médias, entraîne dans l'espace public une pression qui peut nuire à la sérénité par la possible manipulation des témoins et de leur intime conviction. L'acte médiatique n'est pas saisissable et la justice comme les médias n'ont pas de comptes à rendre par rapport à leur propre exercice. Par contre, la manipulation de masse par le relais des médias ne sert pas l'institution et il deviendra nécessaire de mettre en place une autorité de régulation et de conseil des médias afin d'aider la Justice à garder sa sérénité. Le travail de très bons avocats de la défense qui, en milieu de procès, donnent à croire que la bonne décision doit aller dans un sens et arrivent à force de talent à convaincre l'opinion qui n'assiste pas aux débats, peut amener lors du jugement à discréditer la Justice si elle ne va pas dans son sens. Il y aura une réflexion de fond à conduire sur l'exposition judiciaire et la sérénité des débats qui ne peut être garantie avec les pressions exercées par médias interposés sur le pouvoir judiciaire. L'affaire d'Outreau est l'exemple de l'emballement de la Justice avec l'emballement des médias. En plus, l'absence de neutralité d'un certain nombre d'acteurs de la Justice nuit à l'institution judiciaire. Il faut se souvenir du « mur des cons » qui donne une image détestable de l'institution judiciaire. La violation du secret de l'instruction elle aussi discrédite l'autorité judiciaire : absence de dignité, de retenue ; il devient important et nécessaire que l'institution soit indépendante, y compris d'elle-même. Si, l'idéal de la société c'est la transparence, en revanche, au niveau judiciaire cette transparence s'apparente au lynchage. La transparence en termes d'instruction exacerbe les passions qui sont relayées par les médias. Il y a le prétoire et le théâtre, lieu où les émotions se purgent ; le théâtre d'aujourd'hui, c'est la télévision, la radio et la presse. La justice ne peut s'inscrire dans des doctrines partisanes ; il est nécessaire que les Juges en France, afin de garantir la sérénité et la juste réflexion face aux procès, soient libres. En conséquence, les syndicats ne sont pas compatibles avec l'exercice de la fonction de magistrat. Le temps médiatique est celui de l'instant ; le temps judiciaire se situe dans un temps long, d'où un décalage entre les deux. On a toujours l'impression que la justice est trop lente, ce qui paraît compliqué à comprendre dans la société actuelle, mais la prise de temps est garante de la sérénité et du sérieux de la justice. Les risques de dysfonctionnement s'accroissent par manque de moyens. Comment avoir confiance dans une institution qui, parfois, met cinq ans à convoquer les protagonistes au tribunal. La société d'aujourd'hui demande de plus en plus de droits car les Français ont de plus en plus de mal à vivre ensemble. Cette crise, il faut s'en saisir, elle est entre autres le signe d'un mal être ensemble, d'une mauvaise intégration, d'une assimilation en panne. Elle est le sommet de l'iceberg de la crise identitaire créée par nos dirigeants depuis 1968. Des mesures sont à prendre pour sortir vainqueurs du marasme républicain. Pour en revenir au pouvoir judiciaire, les fondamentaux sont d'actualité : le rôle du Juge est de dire le droit. Le droit d'être jugé par une collégialité est par définition une garantie de justice. Que ce soit à l'instruction, pour le juge des libertés et de la détention, en matière civile ou pénale, être jugé par une seule personne est une responsabilité lourde pour celle-ci, d'autant que nul n'est à l'abri d'une inexactitude ; un seul homme est source possible d'erreur d'appréciation. Trois magistrats garantiraient mieux une sérénité accrue. Ayons à l'esprit sans cesse que la présentation d'un suspect à l'autorité de justice entraîne sans délai une punition médiatique détestable. Une instance de même niveau peut avoir des divergences ; il est nécessaire qu'une réflexion se fasse collectivement.

Les Juges, une fois saisis, instruisent et rendent la Justice au nom du Roi. Ils ont autorité sur les gendarmes (dépendants du souverain) pour l'enquête qui reprend à zéro, d'où une garantie d'impartialité et un risque d'erreur amoindri. Il pourrait aussi y avoir une part de secret maintenu jusqu'à l'audience. Les juges garantissent les libertés publiques. Comme fonctionnaires royaux, ils ne peuvent dans le cadre de leurs fonctions sous peine de révocation, se syndiquer ou faire grève. Ils observent un devoir de réserve et de secret absolu sur les procédures en cours. Leurs nominations et leurs changements d'affectation se déroulent selon une procédure transparente mais non publique avec accès par les intéressés eux-mêmes à la procédure, prenant en compte les vœux géographiques, l'ancienneté, la situation de famille et le rapprochement de conjoint. La nomination a une durée minimale de trois ans et maximale de six ans.

En ce qui concerne la juridiction administrative, l'indépendance est celle de l'institution qu'elle représente. Lorsqu'une juridiction supérieure prend une décision, les juridictions subalternes doivent s'y plier et s'aligner.

L'institution royale a aussi la charge de la mise en place des peines prononcées et celle des lieux de privation de liberté suite à décision de justice. La règle de la détention est le respect de la dignité pour chaque détenu, l'accès à la santé, à la gestion personnelle de ses ressources et à la liberté de culte compatible avec la détention. Le détenu bénéficie d'un accompagnement individualisé, avec un travail obligatoire à plein temps, ou en alternance, pour l'apprentissage d'un métier. Un principe fondamental de la dignité humaine est que tout travail mérite salaire. De même, ceci implique que tout salaire doit être assujetti à un travail. En prison, les détenus ont l'obligation de travailler. Le droit du travail ne s'applique pas pour les détenus sauf en ce qui concerne les règles d'hygiène, de sécurité et des conditions de travail. Les vêtements sont fournis et le port le l'uniforme de détention est obligatoire. Ils ont une rémunération égale au salaire minimum. Le principe de répartition du salaire découle selon la règle des trois tiers : un tiers du salaire est versé pour frais de gîte et couvert (donc les frais d'hôtellerie sont récupérés en partie par l'État et le territoire). Le deuxième tiers sur salaire est prélevé pour l'indemnisation des victimes et pour le paiement des amendes et des dépens et le dernier tiers est versé au détenu après déduction de la mutuelle santé complémentaire obligatoire. Les salaires sont soumis aux prélèvements obligatoires comme tout salarié du privé pour les parts ouvrière et patronale. Ainsi, ils payent la caisse de retraite de sécurité sociale, l'assurance maladie, la retraite complémentaire obligatoire… Avec ce système, nous quitterions la sécurité sociale gratuite et la couverture médicale universelle (CMU) qui nous met dans la position que celui qui est en prison bénéficie de toutes les prestations sociales sans cotiser. Mais la République est inégalitaire…

Dans le cadre d'une condamnation d'un étranger, celle-ci sera suivie d'un retour au pays après purge de la peine ; le détenu versera le prélèvement de la retraite de la sécurité sociale et celle de la retraite complémentaire à la caisse de retraite de son choix dans son pays d'origine. En cas de refus, une assurance privée sans garantie de l'État lui sera proposée. Le prix du billet de retour sera imputé sur le tiers du salaire personnel à compter du premier jour de l'incarcération. Les détenus n'ayant pas la nationalité française bénéficieront de lieu de détention propre, afin de favoriser leur retour en fin de peine.

Lorsqu'un jury populaire prononce une condamnation, celle-ci doit être intégralement purgée. Le jury est une émanation du peuple et à ce titre, par respect pour le peuple de France, la peine doit être effectuée intégralement selon les modalités de la loi. Une remise de peine n'est pas possible. Le Roi a droit de grâce, ce qui n'annule pas la peine, mais dispense de l'accomplir à compter du jour de la grâce. En cas de mauvaise conduite sur le lieu de détention et après jugement, une peine nouvelle d'une durée inscrite dans la loi s'ajoutera à la peine en cours ou une délocalisation du condamné sera effectuée. En fonction des peines, une adaptation pourra être mise en place pour des travaux d'intérêt général en extérieur. Un détenu sera mis en détention sur son territoire de résidence familiale ou sur le territoire auquel il est attaché. En cas de récidive ou de mauvaise conduite (y compris refus de travailler) sur le lieu de détention, il sera transféré sur un autre territoire en France. Un multirécidiviste est transféré dans un lieu de haute détention à l'extérieur du territoire métropolitain. Le principe est l'incarcération en milieu totalement fermé pour la moitié de la peine avec travail obligatoire, sauf en cas de peine minimum de sûreté qui sera faite intégralement en milieu fermé pendant la durée de celle-ci. Le quart suivant de la peine sera accompli en activité extérieure encadrée et nuit en détention, le dernier quart en semi-liberté et nuit incarcéré, avec la possibilité pour les six derniers mois du dernier quart de bénéficier d'un bracelet électronique. Dans certain cas, en bénéficiant d'un travail en extérieur dans une entreprise, une adaptation particulière pourra être mise en place pour les détenus ayant accompli les trois quarts de leur peine ; elle sera présentée aux juges et soumise à l'approbation du représentant du Roi dans le territoire. En ce qui concerne les condamnés de moins de 25 ans, ceux-ci pourront bénéficier, s'ils sont de nationalité française, et avec leur accord, d'un engagement sur un bateau militaire pour une durée au minimum égale à la durée de leur peine. Ils bénéficieront du non prélèvement du tiers du salaire pour frais de gîte et de couvert. Donc, ils bénéficieront des deux tiers de leur salaire et en outre, l'inscription de la condamnation sur le casier judiciaire sera effacée une fois leur temps militaire accompli. Sur le bateau, ils bénéficieront du régime commun des marins sauf en ce qui concerne les permissions et les sorties qui seront autorisées après l'accomplissement d'une durée de la moitié de la peine. Sur le port d'attache du bateau, un bâtiment sera prévu avec des salles pour les rencontres avec la famille en présence d'un officier marinier.

Les détenus ont le droit et le devoir de garder leur dignité vis-à-vis de leurs proches : celle-ci passe par l'obligation de garder et d'assumer son autorité parentale (sauf en cas de déchéance pour maltraitance sur ses enfants) ; une partie même symbolique de leur rémunération est versée avec leur accord à leur famille ; les services sociaux ont l'obligation de rendre des comptes aux parents incarcérés si les enfants bénéficient d'un placement. En cas d'absence de l'autre parent, la règle consistant à confier un enfant à un membre de la famille est privilégiée.

Une personne de nationalité étrangère condamnée pour vol est interdite de séjour pendant dix ans ; elle ne peut accéder à la nationalité française et est expulsée dès la peine effectuée. Si celle-ci est condamnée pour crime ou délit, elle est interdite de séjour à vie après la peine effectuée. Elle ne peut accéder à la nationalité française. Un enfant mineur interdit de séjour est expulsé avec ses parents et la fratrie des autres enfants mineurs. Une famille ne saurait être séparée et si les parents ne peuvent élever leurs enfants selon les règles de la société française, la France ne peut les garder sur son territoire.

En ce qui concerne les affaires extérieures, celles-ci concernent aussi bien la diplomatie politique que les problématiques économiques ou militaires. Le Roi est le représentant de la France à l'étranger. Il situe sa politique extérieure dans la continuité, avec la défense des droits des peuples et des nations. La reconnaissance de l'égale dignité de tous les hommes et de tous les peuples est subordonnée à la prise de conscience que le principe de dignité ne peut être protégé et favorisé que par la communauté internationale et l'humanité dans son intégralité. C'est pour cela qu'il est indispensable d'atteindre, avec une authentique fraternité universelle, les cœurs des hommes et des peuples, pour faire disparaître les inégalités et les disparités. Les préceptes du droit international dans les rapports des peuples et des États entre eux reposent sur plusieurs principes qui sont : l'égal respect des États, l'équité, la parité, le droit à l'autodétermination de chaque peuple et leur libre coopération pour le bien commun supérieur de l'Humanité. Pourtant, les exemples d'inégalités et de différentes formes de dépendances sont encore bien ancrées dans les rapports entre les États. Les pressions économiques ou démographiques peuvent s'apparenter à la volonté d'un pays d'en subordonner un autre. La paix est la valeur primordiale de l'action de la France, avec comme fondement le respect des droits de l'Homme et celui du droit des peuples à leur indépendance. Chaque nation a des droits humains spécifiques : le droit fondamental à l'existence implique de garder sa langue et sa culture afin d'exprimer et défendre sa souveraineté spirituelle originelle sans pour autant violer les droit humains et opprimer les minorités. Elle instruit les générations nouvelles pour se projeter dans l'avenir avec comme objectif de vivre en paix avec respect et solidarité envers les autres pays. Le deuxième objectif est la puissance économique qui se décline, dans l'industrie, la recherche, le secteur tertiaire, l'accès aux matières premières et l'énergie. L'exportation de la culture et des grands principes d'amour et d'humanité doit aussi devenir une priorité nationale. N'oublions pas l'exhortation de Saint Jean-Paul II au Bourget.

La guerre économique et industrielle est l'enjeu majeur des années à venir. C'est le terrain sur lequel la mondialisation nous a amenés. Or si l'on ne peut pas refuser de rentrer dans la compétition, en revanche, il est nécessaire de s'ouvrir aux autres peuples afin de contribuer à leur élévation pour les extraire de leur condition en leur apportant un mieux vivre. Comment aujourd'hui ne pas dénoncer ces pays qui envahissent d'autre pays pour exploiter leurs richesses sans contreparties pour les peuples ? Comment ne pas condamner ces quelques dirigeants qui s'enrichissent en vendant partie de leur territoire sans s'occuper de leurs ressortissants ? Le Roi de France aura du pain sur la planche pour faire prendre conscience au monde de l'injustice qui règne sur la Terre. L'enjeu est de savoir à la fois protéger les intérêts de la France en restant dans la compétition et sans nous retrouver dans la répression de ceux à qui bénéficie l'injustice et de pouvoir contribuer à la prise de conscience de l'humanité sur le vrai partage solidaire entre les nations, vecteur d'une meilleure vie, et commune et individuelle. L'exemple sera le véritable enjeu de notre diplomatie. Afin d'éclairer les actions possibles à mettre en place, la France par l'intermédiaire de ses douze provinces, pourrait demander à chacune d'entre elles de partager les Universités avec un pays tiers. Une province pourrait installer l'intégralité de ses départements en doublon dans un autre pays et ainsi fournir les moyens universitaires du développement dans le pays tiers. Ce choix permettrait d'abord de former des praticiens dans tous les secteurs d'activités, aussi bien l'industrie que la recherche fondamentale, la santé, les sciences… puis de passer la main ensuite et de se retirer avec le temps en ayant contribué à l'élévation de l'homme, donc de l'Humanité. Il s'agit aussi de transférer les savoir-faire indispensables aux besoins primaires des êtres humains des différents pays, ce qui rentre dans la priorité de base de toute action. Douze provinces pour aider douze pays. La contrepartie étant que l'université ne serait plus dans une logique d'accueil d'étudiants étrangers. Le choix des pays à aider se ferait en concertation avec ceux qui ne sont pas hostiles à la France et qui seraient prêts à nous accueillir en garantissant à nos ressortissants la sécurité et des conditions d'accueil favorables… L'implantation ferait l'objet d'une durée contractuelle, sans tacite reconduction, le principe étant de se retirer après l'aide que nous leur aurions fournie. Les enjeux internationaux ne seront pas traités dans ce propos, car ils sont complexes, évolutifs et non neutres politiquement. Il convient de rester dans de grandes lignes pour montrer quelles sont les options possibles dans le cadre des choix d'un souverain guidé par une logique chrétienne.

En matière militaire, il s'agit de se positionner sur une doctrine simple : le Roi est chef des armées, de la dissuasion, de l'engagement militaire et de l'engagement de secours hors du territoire national. Les provinces contribuent à l'effort de guerre en fournissant les biens immobiliers aux unités militaires sur leur territoire. L'armée se situe dans le cadre de plusieurs missions. La mission de dissuasion, la mission d'intervention militaire, la mission humanitaire et de secours, la mission de la gendarmerie dans ses missions judiciaires, militaires et de police. Il convient donc de définir les différentes missions afin de préparer avec les moyens adéquats une réponse à chacun des enjeux. Par exemple, nous pouvons préparer une unité hospitalière, qui aura des locaux immobiliers dans une ville de France, mais qui pourra aussi être projetée par des moyens aériens sur un lieu en appui de soldats en intervention militaire armée, en logistique d'un de nos alliés, ou pour aider les populations d'un pays en situation de chaos, en France et dans le monde, sur une catastrophe industrielle, technologique ou naturelle. Il est même souhaitable qu'une de ces unités hospitalières soit parachutiste à fin d'intervention sur des lieux où il n'est pas possible de poser un avion. Dans le même ordre d'idées, il s'agirait de demander à Airbus Industrie de décliner le A400 M, qui est déjà modulable pour s'adapter à différentes missions avec un nouvel aménagement particulier pour configurer l'avion dans une option permettant la lutte contre les feux de forêt. L'intervention des militaires français pour aider la population, lors de catastrophes naturelles, sur notre territoire pourrait redevenir une des missions secondaires de l'armée française. Si les militaires n'ont pas vocation à intervenir sur le territoire français et en aucun cas contre la population française, en revanche, le gouvernement peut solliciter le Roi pour demander une intervention de militaires, gendarmes ou autres, dans le strict cadre de son pouvoir de Justice afin de faire rétablir, par des opérations ponctuelles, l'État de droit dans une zone donnée.

Comme arbitre suprême, il contrôle l'action publique. Pour mener à bien cette charge, il préside la Cour des comptes, le Conseil d'état et le Conseil constitutionnel.

La Cour des comptes est réellement présidée par un Lieutenant-président qui rend son rapport annuel au Roi. Celui-ci peut décider de transférer une partie du rapport au Parquet qui déterminera s'il y a lieu de saisir la Justice. Le Conseil d'État et le Conseil constitutionnel sont aussi présidés par des Lieutenant-présidents nommés par le souverain. Le Conseil constitutionnel traite sur demande du pouvoir législatif, exécutif ou s'autosaisit par l'intermédiaire du Roi de toute loi qui pourrait être susceptible d'être contraire à la Constitution. La première garantie de l'indépendance de ses membres est une durée de mandat limitée et l'impossibilité d'obtenir un nouveau mandat.

En ce qui concerne la promulgation des lois, celle-ci se fait avec contreseing du chef du gouvernement et des ministres concernés car le souverain n'est pas responsable politiquement. Si le gouvernement est à l'origine des lois, ainsi que les parlementaires, en revanche, le souverain a la possibilité : de signer la promulgation de celles-ci, de les renvoyer devant le parlement une seconde fois, de les soumettre à référendum ou de dissoudre l'assemblée parlementaire. Étant au dessus des partis, il ne prend pas position sur un texte de loi car il ne peut se prononcer.

VI

Le territoire, unité de base.

Le territoire est le prolongement naturel de la famille. Lorsque celle-ci n'est plus dans la possibilité de subvenir aux besoins de ses membres, elle se tourne vers cet échelon qui va mutualiser ses attributions au service de sa population. Il est nécessaire de ne mettre en commun que ce qui ne peut être résolu à une échelle plus petite que le territoire, en raison de compétences qui demandent une spécialisation suffisamment fine pour ne plus être du ressort de la cellule de base de la société ou de moyens financiers dépassant les possibilités familiales. Ce territoire est d'une surface d'un sixième environ d'un département actuel. Il est le lieu de compétence du Conseil territorial élu selon deux critères : le critère géographique pour moitié ; il s'agit d'une élection entre les représentants des communes, eux-mêmes élus par la population dans leurs mairies respectives, et le critère démographique pour moitié, selon la règle de la démocratie équitable répartie entre trois collèges : celui des salariés, celui des employeurs, artisans et professions libérales, et celui des familles. Le représentant du Roi préside le conseil territorial pour l'élection solennelle du président et sa mise en fonction. Les compétences du territoire sont à portée générale sauf en ce qui concerne la justice, la défense nationale, les relations extérieures, l'instruction publique primaire, le domaine législatif et l'aménagement du territoire. Le territoire n'a plus de compétence sur les domaines qu'il transfère au territoire élargi. Celui-ci comprend environ trois territoires. Le représentant du Roi dans le territoire élargi a autorité sur les Tribunaux, l'armée (gendarmes y compris) et l'instruction publique (écoles maternelles et primaires). Il a compétence conjointe en matière d'aménagement du territoire avec l'Assemblée territoriale qui est élue selon les critères de la démocratie équitable avec ses quatre collèges : le premier représentant les salariés, le second les employeurs, les artisans et les professions libérales, le troisième les familles et le quatrième représentant les élus des communes et des territoires. Le territoire élargi est propriétaire de tous les bâtiments publics et des routes. Un inventaire des immobiliers inaliénables est produit et reste dans la compétence exclusive du représentant du Roi. L'Assemblée territoriale a compétence pour ce qui lui est transmis par les conseils territoriaux. En aucun cas, elle ne peut s'arroger des droits sur ce qui ne lui est pas transféré par les territoires. Il n'existe qu'un seul tribunal de grande instance par territoire élargi.

La Province : Au nombre de 12, elles sont les lieux : d'appel des décisions de justice (il peut y avoir plusieurs Cours d'appel), des aménagements du territoire à vocation provinciale, des zones de défense. Le représentant provincial du Roi et le Parlement provincial sont les instances de cet échelon. Les compétences du Parlement provincial sont transférées par les Assemblées territoriales. Elles ne peuvent s'octroyer de compétence hors transferts sauf pour l'aménagement à destination provinciale du territoire. Un conseil provincial paritaire des transferts de compétences a vocation à donner son avis et négocier ces transferts. Le principe du transfert est assujetti à l'application de la règle de la majorité territoriale. Aucune compétence ne peut être partagée entre les différents niveaux territoriaux et provinciaux. La fiscalité est solidaire et simplifiée. Une péréquation à hauteur de 15% s'établit entre les territoires en fonction de la surface pour moitié et de la population pour l'autre. Au niveau de la France, la même péréquation est mise en place entre les régions. 10 % de la somme globale prélevée est répartie entre les Provinces. Afin de parer à toute dérive, un organisme de contrôle, la Cour provinciale des comptes vérifie et rend public tous les ans les comptes de gestion du Parlement provincial, des Assemblées territoriales et des Conseils territoriaux, des représentants du Roi, ainsi que les grandes lignes de leurs comptes personnels.

En ce qui concerne la contribution territoriale à l'élévation de l'Homme et du respect de la dignité humaine, le socle fondamental de la défense sociale de l'homme ne saurait être soumis à négociation. Le Président de l'Assemblée territoriale a la charge de mettre en œuvre avec le support logistique du territoire élargi, les politiques sociales, Le représentant du Roi les contrôle. Il initie conjointement avec le Président les orientations sociales. Il s'agit aussi d'envisager une politique sociale de l'urbanisme et de l'habitat, en recréant le lien entre le territoire et l'habitant du lieu, en donnant une âme, un sentiment d'appartenance à une communauté, à chaque sujet de cette communauté. Par exemple, toutes les constructions à usage collectif et toutes les constructions dans lesquelles sont cantonnés les services publics quel que soit le degré, sont construites et entretenues par le territoire et lui appartiennent. Tous les bâtiments publics : Palais de justice, prisons, Conseils territoriaux, Assemblées territoriales, casernes, gares, bâtiments abritant les bureaux des services publics sont à la charge du territoire. Cette politique des biens immobiliers permet de donner un style de construction conforme au sentiment d'appartenance de celui qui en est originaire, de celui qui y vit et permet une meilleure intégration des nouveaux arrivants. C'est ensemble que nous pourrons nous élever sans tenir compte des différentes classes sociales ; il n'existe que des Français qui aspirent à plus de sérénité, de reconnaissance et de respect de leur dignité. Le pouvoir sera ainsi au service de tous contrairement au pouvoir républicain qui, dans la France d'aujourd'hui, ne s'intéresse qu'à deux catégories de gens. La république est au service des plus forts et des plus faibles. Les premiers (qui ne sont pas forcément les plus riches) ayant besoin des seconds pour se donner bonne conscience. Ils vont même jusqu'à s'en servir comme moyen de pression en les instrumentalisant comme source de culpabilité pour les classes moyennes. Leur interaction leur permet de s'aider mutuellement. La classe sociale médiane, bien que la plus nombreuse, est délaissée. Ses soubresauts sont réprimandés sous couvert d'une morale qui n'existe que pour les accuser de penser autrement que selon les souhaits de cette classe forte. Revenons, dans un premier temps, aux fondamentaux en matière de solidarité, de partage, de liberté, de sécurité et de paix pour garantir la dignité des Français. Ceux-ci dans un deuxième temps se tourneront vers les autres pour les aider à en bénéficier eux-aussi. Le bon sens implique que chaque Français puisse jouir d'un toit. Ce qui implique de changer la loi en imposant que l'achat de biens immobiliers d'habitation soit limité à des personnes physiques ou les biens professionnels soient uniquement achetés par les personnes physiques ou morales dont le siège social est en France. Si l'étude met en avant que ce n'est pas suffisant, comme c'est le cas dans certains pays, les biens d'habitation à vendre seraient réservés à ceux qui ont la nationalité française. Il conviendra donc de différencier les locaux d'habitation, des locaux industriels ou commerciaux. En ce qui concerne les logements de fonction, les personnes morales ne peuvent les attribuer qu'à des ressortissants français ; leur location est interdite et il faut prouver la nécessité de service. Les personnes physiques étrangères et les entreprises dont le siège social est à l'étranger ne peuvent accéder à la propriété en France. Il n'est pas d'action sociale, sans toit, sans travail, sans revenu minimum pour se vêtir et se nourrir. Toute personne n'ayant pas les moyens de subvenir à ses besoins, quel que soit le lieu où elle se trouve, est prise en charge par son territoire d'origine qui paye son rapatriement. Elle a l'obligation de travailler à mi-temps et est rémunérée avec le demi-salaire. Il ne peut exister de versement sans contrepartie laborieuse. Afin de contribuer à l'effort commun, les charges sociales sont prélevées, comme pour tout contrat de droit privé. Une mutuelle obligatoire est souscrite auprès du territoire d'origine avec une participation du bénéficiaire au moins égale à un quart de son montant. Il est indispensable qu'une contribution même minime soit demandée au salarié. Celui-ci continue à chercher un emploi, car cette solution ne peut aboutir à un temps plein. De plus, elle est logée dans des casernements en appartements individuels. Le prix du logement est le quart du demi-salaire lorsque la personne a une rémunération. Bien sûr, il n'y a pas de privation de liberté. Dans le casernement il y a un suivi social actif (les travailleurs sociaux rendent des comptes à l'autorité territoriale de tutelle).

Actuellement, 60% des bénéficiaires de l'aide financière minimum peuvent reprendre un travail du jour au lendemain et 30% après un ou des stages de réinsertion. Pour les 10% qui restent, ils sont pour la plupart des handicapés du travail, c'est-à-dire des personnes incapables de travailler ; elles entreront dans un dispositif d'aide aux handicapés.

En raison de nombreux abus et afin de ne pas créer un appel aux ressortissants étrangers qui s'imagineraient bénéficier de largesses au détriment des autochtones, il est nécessaire, si la personne errante n'est pas de nationalité française, de l'inviter au retour vers son pays d'origine. Il vaut mieux être malheureux chez soi que chez les autres. Cette personne ne peut pas rester dans un pays endetté comme le nôtre et nous n'avons plus les moyens d'entretenir des gens à ne rien faire. S'il est normal d'avoir beaucoup de compassion pour eux, en revanche, le bon sens nous impose de prendre en charge nos compatriotes en priorité. Lorsque les finances françaises retrouveront leur équilibre, une aide logistique au développement sera mise en place pour les pays qui sont fuis par leur population pour des motifs économiques. L'accueil en France des réfugiés politiques n'est pas touché par ces mesures. Une liste noire des pays dont les régimes dictatoriaux mettent en prison ou assassinent leurs ressortissants pour des motifs politiques sera établie afin d'accueillir les réfugiés. En ce qui concerne les mineurs isolés étrangers, ceux-ci sont pris en charge dans les territoires élargis. Une structure de 50 places est réservée à cet effet par chacun d'eux. L'attribution s'effectue par répartition équitable au niveau du territoire métropolitain. Les mineurs français et étrangers bénéficient gracieusement, en ce qui concerne l'assurance maladie, des prestations de la sécurité sociale et de la couverture maladie universelle. Il en est de même pour les étudiants français jusqu'à 25 ans. Les étudiants étrangers ont l'obligation de se couvrir par une assurance ou une mutuelle privée. A la fin des études ou à la fin de l'année scolaire qui suit la date de sa majorité, l'étudiant est invité à rejoindre son pays.

Le traitement du handicap est une compétence territoriale : il est primordial dans notre société que la dignité humaine se décline en termes de solidarité. « Supprimer le handicap » passe par l'ajustement de l'environnement de travail, des infrastructures collectives et individuelles pour gommer les handicaps physiques et l'aide à l'adaptation des équipements dans le milieu familial. En ce qui concerne le handicap mental, la transformation des structures pour les mettre en adéquation avec la vie quotidienne est la réponse indispensable pour que les handicapés participent à la vie familiale et sociale dans la limite de leurs possibilités. C'est par l'accès total et entier à la vie sociale et au monde du travail dans la société au même titre que les personnes fortes et saines que les personnes faibles et malades ne souffriront pas de discrimination qui apporte une négation de l'humanité commune, ce qui est indigne des Français et de notre pays. Il existe déjà des établissements de jour pour les handicapés mentaux légers ; il faut les développer.

Si le maintien en famille est une priorité, en revanche, des plages annuelles d'accompagnement en structure sont indispensables pour que les familles puissent prendre du repos, condition sine qua non pour que l'action familiale soit durable. Quant au handicap lourd, nous devons l'accompagner avec dignité et humanité. Ces personnes sont pleinement humaines et, à ce titre, ont des droits et des devoirs avec comme limite leur souffrance corporelle et leurs facultés intellectuelles. Elles participent au même titre que toutes autres à la dignité et à la grandeur de l'Homme. Pour donner pleinement la mesure de la dignité, il est primordial d'accorder une attention particulière aux conditions de travail physiques et psychologiques. La promotion, la juste rémunération, la levée des obstacles, mais aussi le droit à une vie affective et sexuelle ne doivent pas être, dans la juste mesure de l'ordre moral qui s'impose à tous, une infirmité supplémentaire.

C'est aussi par l'accompagnement que la maladie et en particulier la fin de vie est prise en charge. Lorsqu'on lutte pour la vie et pour la dignité humaine il est nécessaire d'aider à la fois le patient et sa famille. D'abord, il ne faut pas attendre les derniers moments pour placer le malade dans un service de soins palliatifs ; ensuite, l'écoute psychologique de la famille permet de mieux limiter le désarroi des proches. Enfin, le maintien à domicile avec soutien actif des personnes âgées est une priorité.

L'angoisse est souvent due au manque de compassion, d'appui, de solutions dignes et humaines dans le milieu de vie. Le territoire est force de proposition, apporte des solutions et des aides lorsque la famille n'a plus suffisamment de ressources humaines et financières. L'accompagnement de la femme enceinte, de la fin de vie, de la séparation, de l'enfant hors structure familiale, de la vieillesse, nécessite toute l'attention territoriale. La recherche de solutions et le partage d'expérience avec les autres collectivités est le moteur du développement de ce qui fonctionne et permet de mettre en pratique ou de trouver de nouvelles idées. Le territoire est aussi un rempart par des actions de prévention contre le commerce des détresses… comment expliquer à un couple qui adopte un enfant dans un pays étranger que son acte d'amour merveilleux favorise le trafic d'enfants ou tout simplement le commerce d'enfants, lorsque celle qui le porte est enceinte uniquement pour des raisons vénales ?

VII

Tordons le cou… aux préjugés

Le roi ne coûtera pas plus cher que les hommes politiques de la république. L'autofinancement du Roi est une règle de base. Celui-ci comme souverain de France a une rémunération équivalente à celle d'un juge de la Cour de cassation, ce qui est bien inférieur aux indemnités parlementaires. Il bénéficie de l'appartement de l'actuel président du Sénat lorsqu'il réside à Versailles dans le cadre de sa représentation de la France à l'étranger, dans sa fonction de chef de la diplomatie et des affaires étrangères. S'il occupe un appartement à la Conciergerie à Paris en raison de sa fonction de Juge souverain, en revanche il dispose du Louvre pour accueillir les visites d'État. Le Louvre et Versailles gardent leur mode de financement actuel. En ce qui concerne sa fonction de chef des armées, une place militaire reste à définir comme lieu de commandement : l'École militaire à Paris, le château de Vincennes ou l'Élysée. Le représentant du Roi dans les provinces sera rémunéré à hauteur d'un juge de Cour d'appel, celui de la circonscription territoriale, d'un Juge de Tribunal de grande instance. Ces salaires sont déclarables comme ceux de n'importe quel Français au service des impôts. Si ceux-ci sont peu élevés, en revanche, l'avantage du logement de fonction permet à moindre frais de ne pas grever les budgets territoriaux. Les salaires ne sont pas cumulables.

La démocratie n'est pas en danger. Bien au contraire, par une véritable indépendance de la Justice, celle-ci nous apportera davantage de garantie d'impartialité. Une Constitution écrite et réduite retrouvera les grands principes de la France. Elle prendra effet avec l'accord de tous les Français et la voie référendaire impérative sera la seule possibilité d'évolution et de changement d'un article constitutionnel. Un président du conseil des ministres sera nommé par le souverain dans la majorité du pouvoir législatif. Le pouvoir législatif sera élu selon les règles de la démocratie équitable. Les compétences du pouvoir législatif concernent le vote du budget et les lois à portée générale. Les autres compétences du pouvoir exécutif sont données par les Assemblées provinciales.

Roi de France ou Roi des Français ? La nuance est d'importance, car elle véhicule non seulement une période de l'histoire, mais aussi un vrai choix de société. Roi des Français dans l'inconscient est restrictif, car il y a une notion non pas de territoire et de tous ceux qui y vivent, mais d'individu. C'est aussi par notre histoire révolutionnaire, la logique du droit du sang qui s'impose et celle de la soumission du Roi à des règles changeantes, contestables et humaines. Celui-ci dépend des fluctuations des représentants du peuple, qui nous ont montré à plusieurs reprises que leur intérêt n'est pas toujours celui des Français, de la démocratie et de la France. Le Roi de France quant à lui, est dans une notion de droit du sol, de territoire, de garant de la démocratie et de défense des libertés publiques. Il s'accorde directement avec son peuple et se situe par son indépendance comme un rempart des dérives possibles par son action de contrôle de l'action publique. Ne tenant pas son pourvoir de la représentation nationale, il n'est pas l'obligé de ceux qui l'ont mis en place.

La France est une république ; il est impossible de revenir en arrière : Les Français n'accepteront jamais de changer… Le droit consacre un état de fait, changeons l'état de fait, le droit suivra… Les Français ne sont pas convaincus que le système républicain est le meilleur, même si celui-ci par une propagande bien huilée, ne laisse pas la possibilité à la population de croire à une alternative. Les Français sont prêts à changer car ils ne sont pas réactionnaires et conservateurs comme le pensent la plupart de ceux qui sont tellement bien dans leur privilèges qu'ils ne souhaitent pas d'évolution et ne se projettent vers l'avenir qu'à reculons en ayant peur de perdre leurs avantages acquis sur la carcasse du peuple qu'ils dévorent vivant. Les Français sont prêts à retrouver leur place de guide des peuples dans l'amour de l'humanité et de la dignité. Les Français sont prêts à prendre le risque de vivre mieux et en harmonie avec le monde et l'univers. Les Français sont prêts à s'ouvrir aux autres en leur apportant le développement dans le respect de ce qu'ils sont aux plans spirituel et temporel. Les Français sont prêts à œuvrer pour que tous les pays se retrouvent sur un strict plan d'égalité sans soumission des uns par rapport aux autres. Les Français sont prêts à s'accorder avec leur Roi. Les Français sont prêts à répondre positivement aux deux questions de Saint Jean-Paul II : « France, fille aînée de l'Église, es-tu fidèle aux promesses de ton baptême ? » ; « France, fille aînée de l'Église et éducatrice des peuples, es-tu fidèle, pour le bien de l'homme, à l'Alliance avec la Sagesse éternelle ? »

SORTONS DE LA DICTATURE
REPUBLICAINE...

   ...DECOUVRONS LA DEMOCRATIE

<u>Ressources :</u>

Saint Jean-Paul II.

Pour leurs contributions à la Doctrine sociale de l'Église : Léon XIII, Pie XI et Monseigneur le Cardinal Renato Martino.

Pour leurs homélies : Monseigneur André Vingt-trois, Cardinal Archevêque de Paris et Monseigneur Patrick Jacquin, Recteur-Archiprêtre de Notre-Dame de Paris.

Pour leurs ouvrages : Daniel de Montplaisir, Thierry Ardisson, Jean d'Orléans et Philippe Madouas, André Castelot, Alain Decaux, Paul-Murray Kendall, Charles Loyseau.

Je tiens à remercier particulièrement ceux qui m'ont aidé ou inspiré pour cet ouvrage : Sylvie, Baptiste et Mahaut pour leur soutien. Nicole pour son écoute. Philippe Meni pour ses conseils avisés. Christophe Paillard, Robert de Prévoisin et Patrick de Villenoisy, pour leur amitié et le partage d'idées à bâtons rompus. Yves-Marie Adeline pour sa clairvoyance.